처음 시작하는 돈 공부

Good morning Good night

'굿모닝 굿나잇'은 21세기 지식의 새로운 표준을 제시합니다.
이 시리즈는 (재)3·1문화재단과 김영사가 함께 발간합니다.

처음 시작하는 돈 공부

1판 1쇄 발행 2022. 9. 15.
1판 2쇄 발행 2023. 11. 16.

지은이 홍춘욱

발행인 고세규
편집 이한경 | 디자인 정윤수 | 마케팅 백선미 | 홍보 박은경
본문 일러스트 최혜진
발행처 김영사
등록 1979년 5월 17일(제406-2003-036호)
주소 경기도 파주시 문발로 197(문발동) 우편번호 10881
전화 마케팅부 031)955-3100, 편집부 031)955-3200 | 팩스 031)955-3111

값은 뒤표지에 있습니다.
ISBN 978-89-349-4408-9 04300
      978-89-349-8910-3 (세트)

홈페이지 www.gimmyoung.com   블로그 blog.naver.com/gybook
인스타그램 instagram.com/gimmyoung   이메일 bestbook@gimmyoung.com

좋은 독자가 좋은 책을 만듭니다.
김영사는 독자 여러분의 의견에 항상 귀 기울이고 있습니다.

이 책의 본문은 환경부 인증을 받은 재생지 그린LIGHT에 콩기름 잉크를 사용하여 제작되었습니다.

처음
시작하는
돈 공부

홍춘욱 지음

홍춘욱 박사의
한 번 읽고 평생 쓰는
금융 기초 지식

김영사

차례

2020년 코로나19 팬데믹의 여파로 주식과 코인, 부동산 등 각종 자산의 가격이 급등했습니다. 이렇듯 변동성이 큰 시장에서 자신의 자산을 지키고 늘리려면 투자는 필수적이지만 자산 가격이 오르고 내리는 이유조차 제대로 이해하지 못한 상태에서 무모하게 투자에 뛰어드는 경우가 많은 것 같습니다. 2021년 여름에는 인터넷 커뮤니티에 "주식은 고민할 것 없이 삼성전자만 사면 된다"거나 "미국 나스닥 시장은 영원히 오른다"와 같은 글이 종종 올라오는 것을 보았습니다.

2022년 상반기 주식 및 코인 시장의 패닉을 보면서 자산 시장이 얼마나 변동성이 크고 위험한 곳인지 느끼셨으리라 생각합니다. 그런데 저는 이런 교훈을 뼈아픈 고통 속에서 얻을 필요가 있는지 의문입니다. 책이라는 좋은 수단을 통해서도 얼마든지 금융시장의 핵심적인 작동 원리와 주기적인 가격 급등락의 요인을 알려줄 수 있지 않을까 생각하여 이 책을 쓰게 되었습니다.

이러한 집필 의도에 따라 화폐의 출현 역사와 주요 기능을 알아보고, 나아가서 은행의 영업 방법과 금리 변화로 인한 영향에 대해 살펴보았습니다. 동인도회사라는 세계 최초의 주식회사와 주식시장의 출현, 증권거래소의 매매 방식 변화, 주식가격의 변동 이유를 흥미로운 역사적 사례를 들어 설명했습니다. 이 내용을 보고 나면 신문이나 방송에서 나오는 경제 뉴스를 큰 어려움 없이 이해할 수 있을 것입니다.

부디 많은 독자가 이 책을 읽고 금융의 본질과 역할을 제대로 알고 성공적인 투자를 이어나갈 수 있었으면 합니다.

돈의 기원은?

진짜 돈과
가짜 돈 이야기

물건 가격이 172배나 오른 이유

지폐가 어떻게 생겼는지 자세히 살펴본 적 있나요? 신사임
당의 초상이 인쇄된 5만 원권 지폐를 보면 재질이 좋은 종
이로 만들었다는 것을 금방 알 수 있습니다. 옷과 함께 세탁
기로 빨더라도 쉽게 찢어지지 않는 고급 종이 말입니다. 그
러나 이 지폐에 5만 원의 가치가 있다는 것이 믿어지지는
않습니다. 인쇄된 그림이 멋지기는 하지만 명화라고 하기는
어렵고, 또 종잇값이 아무리 비싸다고 한들 5만 원의 값어
치가 있는 것 같지는 않습니다.

　그러나 이 돈을 들고 편의점에 가면 5만 원어치의 물건을
살 수 있고, 또 은행에 가면 다른 이의 통장으로 5만 원을
송금할 수도 있습니다. 이 때문에 5만 원, 아니 1만 원짜리

지폐가 길에 떨어져 있다면 주우려는 사람이 많을 것입니다. 반면 길바닥에 떨어져 있어도 사람들이 못 본 것처럼 지나치는 돈도 있습니다. 2009년에 북한이 만든 새 지폐가 대표적입니다. 평양 등 극히 일부 지역에서만 이 북한 화폐가 통용되고, 북한에서는 상거래 대부분이 중국의 위안화 혹은 미국의 달러화로 이뤄진다고 합니다.[1]

상황이 이렇게 된 것은 2009년 화폐개혁 과정에서 기존 화폐 100원을 새 화폐 1원으로 바꾸어버리고, 가구당 교환할 수 있는 액수를 10만 원으로 제한했기 때문입니다. 당시 공식 환율에 따르면 기존 화폐를 새 화폐로 교환할 수 있는 최대 금액이 달러화로 690달러에 불과했습니다. 이 금액으로는 약 45킬로그램의 쌀을 구매할 수 있을 뿐이었습니다.[2] 다시 말해 교환하지 못하고 남은 돈은 휴지 조각이 되고 말았습니다.

북한 정부가 화폐개혁을 단행한 이유는 국가의 배급에 영향받지 않는 암시장, 이른바 '장마당'을 없애기 위함이었습니다. 화폐개혁을 통해 암시장 상인들이 축적한 막대한 현금을 허공으로 날리게 해서 당국의 권위를 세우고, 불법행위를 저지른 사람들을 응징할 생각이었던 것입니다. 그러나 암시장 상인만 현금을 모아놓은 것은 아니었습니다. 평범한 북한 주민 대부분도 봄철 보릿고개에 굶어 죽지 않기 위해 현금을 모아놓은 상태였죠.

그렇다면 화폐개혁 이후 어떤 일이 벌어졌을까요? 평생 모은 돈을 하루아침에 날리는 황당한 일을 겪은 주민들은 당연히 새로운 화폐를 보유하고 싶어 하지 않았습니다. 특히 경제활동을 활발하게 하는 사람들이 더 큰 피해를 입었다는 사실이 문제가 되었죠. 그 결과 북한에서는 새로 발행된 화폐가 거의 유통되지 않았고 위안화나 달러화가 상거래에서 주로 사용되었다고 합니다. 하루아침에 가치가 없어질 수 있는 화폐를 누가 사용하려고 할까요?

새 화폐를 사용하는 사람들이 없으니 그 화폐의 가치가 떨어지는 것은 당연한 일입니다. 화폐개혁 이전에 쌀 1킬로그램은 2,200원이었고, 새 화폐로는 22원에 거래되었습니다.[3] 그러나 화폐개혁 1년 후인 2011년 말에는 쌀 1킬로그램 가격이 1,400원이 되었고, 2012년 초에는 3,800원까지 올라갔다고 합니다. 물건 가격이 172배가 되었다는 것은 새 화폐의 가치가 1/172 수준으로 떨어졌다는 것을 의미합니다. 북한의 쌀 수확량이 갑자기 감소해 쌀이 부족해지자 쌀

값이 올랐다는 뉴스가 나오지 않는 것으로 보아 쌀값이 오른 이유는 북한 화폐의 가치가 떨어졌기 때문이라는 것을 짐작할 수 있습니다.

한국과 북한의 쌀값(1킬로그램에 6,000원 전후)을 비교해보니, 북한에서 새로 발행한 5원권 지폐는 한국에서 10원 정도의 가치가 있더군요. 이 정도 가치밖에 되지 않으니 북한 돈이 바닥에 떨어져 있다고 해도 그것을 주우려고 힘들게 허리를 굽히는 사람은 없을 것 같습니다. 북한 돈이 휴지 조각이 되는 과정을 보면 돈이라는 게 몹시 불안정한 측면이 있음을 알 수 있습니다.

이제부터 돈이 어떤 과정을 거쳐 인간 사회에 출현했고, 또 사회 구성원들 사이에서 돈을 어떻게 받아들이게 되었는지 살펴보겠습니다.

돈의 가치는
어떻게 만들어질까?

사라진 정부가 발행한 화폐를 사용한 소말리아

우리는 정부가 발행한 지폐와 동전에 익숙합니다. 그러나 인류의 역사를 살펴보면 지폐와 동전은 근래에 발명된 것으로 인간이 사용한 지는 오래되지 않았다는 것을 알 수 있습니다. 노벨경제학상을 받은 밀턴 프리드먼은 다음과 같은 흥미로운 사례를 소개합니다.

서태평양에 있는 야프Yap섬의 주민들은 다른 사회에서 동전을 주조한 것처럼 인근 섬에 있는 돌을 가져와 바퀴 모양으로 만들고는 이것을 돈으로 사용했다고 합니다. 특이한 점은 돌의 주인이 소유권을 표시하지 않았다는 것입니다. 거래가 이루어지면 돌의 새 주인이 이 돌은 자신의 것이라고 선언하고 마을 사람들이 이를 인정하는 방식으로 화폐

야프섬의 돈 '라이'의 모습.[4]

제도가 운영되었습니다.

독일이 이 섬을 지배하면서 길을 고치려고 원주민을 동원할 때였습니다. 원주민들이 명령에 불응하자 독일 정부는 몇 개의 돌 화폐에 벌금 부과의 표시로 검은 십자가를 그렸습니다. 이를 돌 화폐를 빼앗겼다는 의미로 받아들인 원주민들은 자신들이 가난해졌다고 생각해 도로 공사에 열심히 참여했습니다. 독일 정부가 이후 십자가 표시를 지우자 원주민들은 돌 화폐의 소유권을 회복했다고 여겼고, 예전처럼 부를 누리게 되었다고 합니다.[5]

야프섬 주민들의 행동이 이상하게 느껴질 수도 있지만 정부가 발행한 공식적인 화폐가 휴지 조각이 된 북한의 사례를 생각하면 충분히 이해할 수 있습니다. 결국 돈의 형태와 상관없이 돈이 가치가 있으려면 사회 구성원들의 '신뢰'가 있어야 한다는 의미입니다. 그렇다면 어떻게 신뢰가 형성되는 것일까요?

세계적인 작가 유발 하라리는 인간이 세계를 지배할 수 있게 된 원인을 '세상에 존재하지 않는 것을 믿는 능력'에서 찾았습니다.[6] 즉 전쟁터에 나갈 때 "우리는 사자의 후손으로서 사자가 우리 부족을 수호해준다"와 같은 공통의 신화와 전통을 만들어 공유함으로써 더 큰 사회가 될 수 있었던 것입니다. 신체적으로는 네안데르탈인이 호모 사피엔스보다 뛰어났지만, 결국 살아남아 우리의 조상이 된 것은 호모 사피엔스이니까요.

여기서 한발 더 나아가, 우리의 선조는 화폐를 이용해 멀리 있는 동족과도 교역했습니다.

유럽 대륙을 중심으로 사피엔스 유적지를 발굴하는 고고학자는 가끔씩 지중해나 대서양 연안에서 온 조개껍데기를 발견한다. 이런 조개껍데기는 여러 사피엔스 무리 간의 장거리 교역을 통해 대륙의 내부에까지 들어왔다고밖에 볼 수 없다.[7]

다시 말해 문자와 국가가 탄생하기 훨씬 이전부터 우리의 선조는 활발하게 무역을 했던 것입니다. 그리고 무역의 매개물은 조개였습니다. 참고로 한자에서 '돈'을 의미하는 글자에는 모두 조개 패貝 자가 들어가 있죠. 예를 들어 보물을 뜻하는 한자 보寶에는 옥과 조개를 뜻하는 한자가 들어가며, 재물을 뜻하는 한자 재財에도 조개 패貝 자가 포함됩니다. 유럽과 동아시아 지역의 주민들 모두 조개를 매우 귀중하게 여겼음을 알 수 있죠.

사실 조개껍데기에는 아무런 사용가치가 없습니다. 모양이 아름답기는 하지만 먹을 수도 없고 옷으로 만들어 입을 수도 없습니다. 기껏해야 장신구로 사용할 수 있을 뿐입니다. 그러나 굉장히 중요한 장점이 있죠. 그것은 바로 조개껍데기 양이 갑자기 크게 늘어나기 어렵다는 점입니다. 모양이 아름다운 특별한 종류의 조개(인도양 몰디브산 카우리 조개)는 교역을 통해 먼 곳에서만 가져올 수 있습니다. 그리고 가

몰디브산 카우리Cowrie 조개.

져오기 좋게 가볍습니다. 즉 부족의 지도자가 갑자기 화폐를 마구 찍어내 사용할 위험이 없어 조개의 가치는 안정적으로 유지될 수 있었습니다.

조개껍데기를 구하기 힘든 곳에서는 어떤 것을 화폐로 삼았을까요? 물물교환 경제로 다시 돌아가는 경우도 있지만, 이미 무너진 정부가 발행한 화폐를 그대로 사용하는 경우도 적지 않다고 합니다. 2000년대 초반, 아프리카 동쪽 끝에 자리 잡은 소말리아는 여러 군벌로 쪼개진 채 오랜 내전에 시달리고 있었습니다.[8]

당시 소말리아 사람들은 '소말리아 실링'이라는 화폐를 썼는데, 그 화폐는 이미 20년 전에 사라진 정부가 발행한 것이었습니다. 한국으로 치면 일제강점기 때 발행한 화폐를 그대로 사용하는 셈입니다. 소말리아 실링이 시장에서 화폐로 기능할 수 있었던 가장 큰 이유는 익숙함 덕분이었습니다. 소말리아 국민들은 비누 한 장이 소말리아 실링으로 얼마인지 계산하는 데 익숙해져 있었고, 전부터 알고 지낸 사람들끼리의 신뢰 관계도 형성되어 있었기 때문에 소말리아 실링이 통용될 수 있었다고 합니다.

더구나 소말리아 실링의 최대 강점은 소말리아 실링이 갑자기 대량으로 시장에 나타날 가능성이 없다는 점입니다. 카우리 조개의 공급을 지도자 마음대로 늘릴 수 없었던 것처럼, 새 권력자가 나오더라도 윤전기를 돌려 이 화폐를 찍어낼 수 없기 때문에 돈의 가치가 떨어질 가능성이 낮았습니다. 최근 북한에서 벌어진 일이 원천적으로 일어날 수가 없는 것이죠.

그렇다면 여기서 의문이 하나 생깁니다. 왜 소말리아 사람들은 예전에 만든 화폐를 그대로 사용했을까요? 정부가 사라지고 지역 간 이동도 불가능해졌으니 사람들은 그냥 필요한 물건을 서로 교환하면서 살아도 되지 않았을까요? 물물교환 경제로 돌아가도 되지 않았느냐는 것입니다.

포로수용소에서도
화폐를 만들었다!

담배 일곱 개비로 초콜릿을 사다

이 의문을 푸는 데는 제2차 세계대전 당시 독일군에 붙잡힌 연합군의 포로수용소에서 벌어진 일을 참고하는 것이 도움이 됩니다.

7A 포로수용소는 하나의 시장이었다. 이 시장은 매우 유별난 특징이 있었는데, 임금을 받을 수 없는 상황에서 거래가 아주 활발히 이루어졌다는 점이다. 이 수용소로 적십자가 보내주는 생필품 꾸러미들이 들어왔다. 캔에 든 우유, 당근 통조림, 잼, 버터, 담배 같은 품목이었다. 그런데 모든 포로가 우유와 당근 통조림을 똑같이 좋아하지 않았다. 그래서 그들은 배급받은 생필품을 서로 교환하기 시작

했다. 버터 한 조각과 담배 두 개비를 캔 우유 한 통과 교환하는 식이었다.

독일군은 연합군 포로를 국적별로 분리해 수용했기에, 그 국적의 경계선이 수용소 내의 무역 장벽이었다. 그래서 특권을 누리는 소수의 포로만이 다른 나라와 접촉할 수 있었고, 그 기회를 최대한 활용하는 이들이 전문 거래인이 되었다. 프랑스 사람들은 커피를 너무나 좋아했기에, 소수의 영국 병사들은 커피를 주는 대신 담배와 우유를 받았다. (…) 결과적으로 양국의 병사 모두 더 안락한 생활을 누렸다.[9]

이처럼 교환은 사람들을 더 부유하게 하고 이전보다 더 행복하게 만듭니다. 그러나 이 과정은 대단히 불안정했다고 합니다. 서로가 원하는 물건이 전부 다르니 각자 원하는 대로 딱 맞게 교환하기가 너무나 어려웠기 때문입니다. 결국 새로운 화폐가 만들어졌습니다.

포로들은 금세 석기 시대 물물교환 방식을 뛰어넘는 교환 시스템이 필요하다는 것을 깨달았다. 파운드나 달러 같은 화폐가 없는 상황이라, 그들은 모든 물품의 가격을 담배로 표시했다. 보급품을 받을 때 얻을 수 있는 마가린으로 담배 일곱 개비를 살 수 있고, 이 담배 일곱 개비로는 초콜릿 한 토막을 살 수 있는 식이었다. 이처럼 다른 물품들도 담배를 기준으로 값을 매겼다. (…) 포로수용소 밖의 여느 사회와 마찬가지로 7A 포로수용소의 경제 역시 불안정했다. 적십자의 담배 배급품이 수용소에 들어오면 갑자기 물가가 올라갔다(담배의 가치가 떨어졌다는 뜻임). 반대로 포로들이 담배를 피워 담배가 줄어들면 물가는 다시 내려갔다. (…) 포로들 가운데 상급 장교 출신들은 시장을 아무런 제약 없이 내버려두기보다 시장에 약간의 감독과 개입이 필요하다고 여겼다. 담배가 화폐 역할을 맡게 된 뒤, 영국의 최고위 장교는 모두가 받아들일 수 있는 가격을 수용소 곳곳의 나무 게시판에 표시해놓고 그 가격을 기준으로 물품을 거래할 수 있는 공간을 만들었다.[10]

이렇듯 생활필수품이면서 화폐로도 쓰이는 것을 '실물화폐'라고 합니다. 앞의 사례에서 나오는 담배를 비롯한 실물화폐는 쓰임새가 많아서 사람들이 기꺼이 주고받는다는 장점이 있죠. 포로수용소의 일화처럼 화폐가 생기면 사람들은 더욱 부유하고 편리한 삶을 누릴 수 있습니다. 그러나 실물화폐는 공급이 일정하지 않아서 가격이 급등락하곤 합니다. 담배의 경우는 브랜드별로 품질에도 차이가 나지요. 이러한 단점들 탓에 지금은 실물화폐가 일부 지역에서만 제한적으로 사용됩니다.

실물화폐는
어떤 문제점이 있을까?

실물화폐의 세 가지 단점

우리나라의 역사를 살펴보면 옷감(고려시대는 베로 만든 천, 조선시대는 면으로 만든 천)과 쌀이 주된 화폐의 역할을 했습니다.[11] 물론 화폐가 없던 시절에 비해 훨씬 편리하기는 했습니다만, 실물화폐는 다음과 같은 세 가지의 문제를 안고 있습니다.

첫째, 수용소의 담배처럼 가치가 너무 쉽게 바뀌거나 정확하게 평가하기 어렵다는 것입니다. 실제로 전근대사회에서 보릿고개와 가을 추수기의 쌀값 차이는 두 배, 심지어 서너 배까지 벌어지곤 했습니다. 화폐는 물품의 가치를 측정하는 역할을 하는데, 이 기준이 춘궁기와 수확기에 각각 달라진다면 상거래에 악영향을 미칠 수밖에 없습니다. 심지어 옷감이나 쌀은 생활필수품이기에 누군가 비축하려고 창

고에 쌓아둔다면 다른 사람들은 생필품 부족으로 고통받을 것입니다.

둘째, 옷감이나 쌀 같은 실물화폐는 부피가 크고 무겁다는 것입니다. 예를 들어 쌀은 가격에 비해 무게가 상당히 많이 나갑니다. 요즘 인터넷 쇼핑몰에서는 쌀 20킬로그램짜리 한 포대가 5만~8만 원 선에서 거래됩니다. 따라서 장에 나가서 자신이 파는 물건, 이를테면 삼베를 쌀로 교환해서 돌아올 때 마차나 지게 같은 운송 수단이 꼭 필요했을 것입니다.

셋째, 실물화폐는 품질이 동일하지 않다는 것입니다. 명인이 짠 면포와 초보자가 짠 면포의 가치는 다릅니다. 그러나 시장에서 거래할 때는 단순히 '면포 한 필=쌀 두 가마'라는 공식이 통할 뿐이죠. 따라서 면포의 품질을 제대로 파악할 안목이 없는 사람은 거래에서 큰 손해를 입을 수밖에 없습니다. 그리고 이런 식으로 손해를 본 사람은 자신이 만든 물건을 장터에 내놓고 싶은 마음이 아예 사라질지도 모릅니다.

따라서 옷감이나 쌀 같은 실물화폐는 가까운 거리에서만 제한적으로 사용될 수밖에 없습니다. 서로 얼굴을 알고 있는 사람들 사이에서 혹은 운송하는 데 큰 비용이 들지 않는 거리에 사는 사람들 사이에서만 거래가 한정적으로 이루어질 것입니다. 반면 전국 단위로 이루어지는 거래나 다른 나라와의 거래에서 실물화폐가 쓰이지 못하는 경우가 많았습니다. 이 문제를 해결하기 위해 나온 것이 바로 금이나 은, 동으로 만든 금속화폐입니다.

고려 문종대왕의 넷째 아들인 대각국사 의천(1055~1101년)은 송나라에서 유학할 때 금속화폐가 얼마나 편리한지 깨달았고, 공부를 마치고 귀국한 뒤 고려에서도 금속화폐를 사용할 것을 강력하게 주장했습니다.[12] 그는 금속화폐가 작은 크기에 비해 가치가 높아 운반하기 쉬우며, 곡물이나 옷감처럼 품질을 둘러싸고 다툼이 일어나거나 농간을 부릴 수 없고, 쌀이나 옷감처럼 비축하지 않아도 될 뿐만 아니라 썩을 염려도 없다고 장점을 강조했죠. 이후 우리나라 정부들도 금속화폐가 안착되도록 각고의 노력을 기울였습니다.

그러나 이와 같은 노력이 결실을 맺은 것은 700년이 지난 조선 숙종 때의 일입니다. 당시 발행된 상평통보가 쌀이나 옷감 같은 실물화폐를 제치고 드디어 상거래에서 주로 사용되는 화폐로 자리를 잡은 것입니다. 왜 우리 조상들은 금속화폐를 사용하는 데 적극적이지 않았을까요? 그 이유는 바로 금속화폐의 가치 저하 및 순도 측정 문제 때문이었습니다. 이 부분을 자세히 살펴보도록 하죠.

아르키메데스는
왜 '유레카'를 외쳤을까?

금속화폐의 순도를 측정하는 방법

금이나 은, 구리는 광산 채굴 혹은 사금 채취 등을 하면 계속 나오기 때문에 공급이 상대적으로 안정적입니다. 그리고 실물화폐와 무게가 같은 경우에도 실물화폐보다 값어치가 훨씬 높고 크기가 작아 운송하는 데도 품이 덜 드는 등 장점이 많습니다. 그러나 금속을 이용해 만든 화폐에는 결정적인 흠이 하나 있었는데 그것은 바로 순도 문제였습니다. 예를 들어 설명하면, 순도란 어떤 금속 덩어리에 포함된 금이나 은의 비율을 뜻합니다.

2,200년 전, 이탈리아 남쪽 시칠리아섬의 도시국가 시라쿠사를 다스리던 히에론 2세가 금 세공사에게 순금을 주며 신에게 바칠 금관을 만들게 했다고 합니다. 그런데 금 세공

사가 만든 금관을 받아 든 히에론 2세는 금관에 은이 섞인 것이 아닌지 의심하기 시작했답니다. 하지만 이를 확인할 방법이 없으니 시라쿠사를 대표하는 최고의 수학자 아르키메데스에게 "이 금관을 순금으로 만들었는지 확인해달라"고 부탁했죠.

아르키메데스는 오랫동안 고민했지만 답을 찾지 못하다가 목욕 중에 문제 해결의 단서를 발견하고는, "유레카"라고 외치면서 벌거벗은 채 목욕탕을 뛰쳐나갔다고 합니다. 사람이 욕조에 들어가면 물의 높이가 올라가는 현상을 보고 금과 은의 비중이 다르다는 것을 발견한 것이죠. 예를 들어 어떤 두 사람의 몸무게가 똑같이 70킬로그램이라 하더라도, 몸에 지방이 많아 살찐 사람은 몸에 근육이 많은 사람에 비해 몸의 부피가 더 크니 욕조에 들어갔을 때 물이 그만큼 더 넘치지 않겠습니까?

금과 은도 이와 비슷합니다. 금은 근육이 많은 사람이고, 은은 몸에 지방이 많아 살찐 사람이라고 할 수 있습니다. 동일한 무게여도 은의 부피는 금의 부피보다 두 배 가까이 큽니다. 따라서 왕관에 은이 섞여 있다면 욕조에 넣었을 때 동일한 무게의 금덩어리에 비해 더 많은 물이 욕조 밖으로 넘칠 수밖에 없습니다. 결국 금 세공사는 왕관을 만들면서 은을 섞었다는 사실이 발각되어 처벌받게 됩니다.

이처럼 금속으로 화폐를 만드는 데는 많은 위험이 따랐습니다. 물론 많은 나라가 강한 권위로 화폐의 순도를 일일이 계산하지 말고 무조건 사용하라고 밀어붙이기도 했습니다. 그러나 "악화가 양화를 구축한다"는 말처럼, 순도 높은 금속화폐는 숨기고 순도 낮은 화폐만 시장에 유통되는 등의 문제를 피할 수 없었죠. 결국 사람들은 두 가지 방법을 찾아냈습니다. 하나는 지폐를 만드는 것이고, 다른 하나는 신뢰할 수 있는 금융기관, 즉 은행을 만드는 것이었습니다. 먼저 지폐에 관한 이야기부터 해보겠습니다.

세계 최초의
지폐는 송나라에서 나왔다!

중국인이 금을 사랑하는 이유

금이나 은, 동 같은 금속을 화폐로 사용할 때 가장 문제가 되는 부분은 순도였습니다. 나라가 부유하거나 귀금속 광산에서 금, 은 따위가 꾸준히 생산될 때는 순도가 크게 문제가 되지 않습니다. 무게를 약간씩 속이거나 다른 금속을 섞는 일은 민간에서는 일어나도 나라가 앞장서서 화폐의 순도를 떨어뜨리는 일을 하지는 않기 때문이죠. 그러나 전쟁이 발발하거나 귀금속 광산에서 금속 생산량이 줄어드는 시기에는 화폐의 순도가 떨어지는 일이 종종 벌어집니다.

1127년에 중국의 송나라가 이런 상황에 처했습니다. 만주에 살던 여진족이 쳐들어와서 수도가 함락되고 임금이 포로가 된 것입니다. 다행히 송나라 왕족이 남쪽으로 피신하

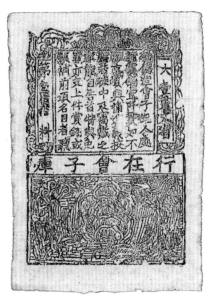

남송의 지폐 회자.

여 새로운 나라, 남송南宋을 세웠지만 위기는 계속되었습니다. 일단 경제가 발전된 중국 북부의 인구 중심지를 잃은 데다가 송나라의 수도 개봉開封에 쌓여 있던 어마어마한 양의 재물을 빼앗겨 국력이 약해졌습니다. 더 큰 문제는 여진족이 언제라도 남쪽으로 돌려 남송을 공격할 수 있다는 점이었습니다.

이 고민을 해결해준 것이 회자會子였습니다. 회자는 특정한 종이에 인쇄된 문서를 제시하기만 하면 정부가 책임지고 비단이나 금을 지급해주는 방식으로 운영되었습니다. 즉 회자는 지폐라고 할 수 있죠. 물론 회자가 금방 자리를 잡은 것은 아니었습니다. 그러나 남송의 왕들이 신중하게 발행량을 조절하거나 세금을 회자로 납부하도록 유도하는 등 다양한 노력을 기울였죠. 특히 기준치를 넘겨 회자가 많이 발행되어 돈의 값어치가 떨어진다 싶을 때는 시장에서 회자를 회수해 화폐의 가치가 떨어지지 않게 잘 관리했습니다.

그 덕분에 1200년대 초반까지 남송의 경제는 불사조처럼 되살아났습니다. 당시의 토지 거래 내용을 담은 장부를 보면, 토지 매매 대금의 대부분이 회자로 거래되었다고 합니다.[13] 남송에서만 지폐가 활성화된 이유는 무엇보다 남송 정부가 살아날 수 있는 방법이 이것밖에 없었기 때문입니다. 군인에게 월급을 주고, 여진족과 몽골 기병과 싸우기 위해 화약 무기를 개발하는 데 돈이 많이 필요했거든요. 그런데 귀금속 광산은 죄다 중국 북부 지방에 있으니, 남송 정부는 지폐로 이 비용을 댈 수밖에 없었습니다. 따라서 남송 국민들이 회자를 신뢰하지 않으면 나라는 망하는 거고, 신뢰하면 다시 희망을 걸어볼 수 있는 절체절명의 순간이었기에 지폐의 가치를 안정적으로 유지하는 데 온 힘을 기울였던 것입니다.

그러나 회자의 영광은 길지 않았습니다. 남송이 전쟁에서 패배했기 때문입니다. 세계 최강 몽골 기병이 남쪽으로 말머리를 돌리면서 남송은 위기에 처했습니다. 몽골 기병을 막으려면 더 많은 군대와 무기가 필요했지만 턱없이 부족했고, 이기기는커녕 지지 않기 위해 버티는 것도 힘겨웠죠. 결국 남송 정부는 회자의 발행량을 늘리기 시작했습니다. 1206년에는 회자의 총 발행량이 6,000만 관이었는데, 1240년에는 무려 2억 3,000만 관까지 늘어났다고 해요. 사람들이 회자의 발행량이 늘어나는 것을 알아차리자마자, 2008년 북한에서 일어난 일이 똑같이 벌어졌습니다. 물건을 사고팔 때 누구도 회자를 받으려 하지 않았기 때문에 회자의 가치가 급격히 떨어진 것입니다.

이 현상을 경제학자들은 인플레이션이라고 합니다. 돈의 값어치는 떨어지는 반면 쌀이나 비단 같은 물건의 값은 올라가는 현상이죠. 물론 물건값이 연 2% 혹은 5% 정도 오른다고 경제가 흔들리지는 않습니다. 그러나 당시 회자의 가치는 액면가격의 1/4 수준으로 떨어졌다고 합니다.[14] 다시 말해 쌀이나 비단 같은 물건의 값이 네 배 오른 셈입니다.

경제가 무너지는데 전쟁에서 승리할 수 없죠. 1279년에 남송은 결국 멸망했고, 이후 중국에서는 지폐가 자리 잡기 어려워졌습니다. 왜냐하면 왕조가 멸망하거나 전염병이 돌아 경제가 어려워지는 순간 지폐가 휴지 조각이 되는 일을 모든 중국인이 이미 겪었기 때문입니다. 지금도 중국인들은 금을 비롯한 귀금속을 더 선호합니다.

유럽에서는
어떤 변화가 나타났을까?

십자군 전쟁 이후 성장한 시장

중국에서 발행된 지폐가 휴지 조각이 되는 가운데, 유럽에서도 새로운 흐름이 나타났습니다. 로마제국 멸망과 이슬람 세력의 등장이라는 혼란한 정세 속에서 유럽 경제는 수백 년 동안 긴 침체에 빠져 있었는데, 12세기부터 시작된 십자군 전쟁이 변화를 일으켰습니다. 전쟁 초기 십자군이 이슬람 세력에게서 예루살렘을 되찾은 뒤 군수물자 및 순례자의 대규모 이동이 시작되면서 폐쇄적인 사회의 숨통이 트인 것입니다.

자급자족하는 마을에 사는 사람은 세상의 변화를 잘 모르고, 또 미래가 달라질 것이라는 기대를 하지 못합니다. 그래서 미래가 불확실한데도 새로운 농사 기법을 도입하거나 쟁기 등 농사 기구를 전문적으로 만드는 사람이 드물었습니다. 사람은 한 분야에 집중하면 전문성이 생겨 개인의 생산성, 다시 말해 개인의 생산 효율이 향상되면서 더 좋은 제품을 값싸게 만들 수 있습니다. 그러나 중세사회에서는 이 방법을 쓰기가 어려웠습니다. 봉건영주들이 자신의 영토를 통치하며 주민들의 이동을 막고 있었기 때문에 시장이 커질 수가 없었거든요.

경제학의 시조라고 할 수 있는 애덤 스미스는 "분업은 시장의 크기에 의해 결정된다"고 이야기했죠.[15] 다시 말해 사람과 물자의 교류가 자유로워지고 시장이 커질 때 분업도 발달한다는 뜻입니다. 반대로 시장은 작은데 섣불리 농기구 생산에 뛰어들었다가 수익이 나지 않아 먹을 것이 없어 다시 농사일로 돌아가게 될 수도 있죠. 물론 분업 덕분에 제품 가격이 내려가고 시장이 커지는 것인지, 시장이 커진 덕분에 분업이 발달해 사람들이 더 부유해지는 것인지는 불확실합니다. 시장과 분업 가운데 어떤 것이 먼저인지는 딱 잘라 말하기 어렵죠.

다만 12세기에 시작된 십자군 전쟁으로 유럽에서 새로운 변화가 시작된 것만은 확실합니다. 이때 변화를 주도한 세력은 이탈리아의 도시국가들이었습니다. '동지중해의 여왕' 으로 불린 베네치아, 콜럼버스를 비롯한 유명한 탐험가를 배출한 제노바 등이 대표적입니다. 이들 도시국가는 십자 군의 최종 목적지인 예루살렘과 상대적으로 가까운 데다가 오래전부터 바다에 익숙했기에 시대의 변화를 이끌 수 있 었습니다.

도시국가가 발전해 상거래가 활발해지고 분업이 발달할 수록 화폐가 더 필요해졌습니다. 제2차 세계대전 당시의 연 합군 포로수용소 사례에서 살펴본 것처럼, 거래가 예전보다 더 늘어나려면 화폐가 필수적으로 있어야 하기 때문입니다.

유럽 사람들은 베네치아가 1194년부터 만든 새 은화 그 로소를 마음에 들어 했습니다.[16] 베네치아는 1204년 제4차 십자군 전쟁에서 십자군을 수송하는 일을 맡고 그 대가로 은 광산을 받았습니다. 이때 만든 그로소 은화 400만 개가 국제적으로 통용되는 화폐가 되어 유럽 전역에서 사용되었 다고 합니다.

1266년부터 베네치아가 만든 새 금화 두카트는 그로소 보다 인기가 많았습니다. 그해에 열린 대평의회는 도시에 서 거래되는 귀금속에 대해 규칙을 새로 제정함으로써 유럽인의 신뢰를 얻는 데 성공합니다. 베네치아에 들어오는 모든 귀금속은 리알토 다리 근처의 검사관실에 등록해야 했고, 또 검사관들은 다양한 금화나 은덩어리의 금속 함유 량을 조사했죠. 이런 과정을 거치며 탄생한 금화 두카트는 1797년에 나폴레옹 보나파르트가 베네치아를 정복할 때까 지 유럽에서 가장 신뢰할 수 있는 화폐였습니다.

그러나 베네치아에서 이루어지는 상거래에서는 문제가 없었을지 몰라도, 다른 곳에서 상거래가 이루어질 때는 여 전히 어려운 점이 있었습니다. 베네치아에서 만든 그로소 은화와 두카트 금화도 위조의 위험성이 있었기 때문입니다. 예를 들어 두카트 금화를 녹인 뒤 이를 은이나 동과 섞어 서 두카트 금화 비슷하게 만들면 진짜 금화와 이를 구분하 기 쉽지 않았던 것입니다. 또한 베네치아뿐만 아니라 수많 은 나라가 제각기 다른 모양의 금화와 은화를 상당히 많이 주조하고 있었기에, 화폐의 존재가 오히려 상거래를 어렵게 만들고 있었습니다.

다양한 은화와 금화가 일으킨 웃지 못할 사건 중 하나가 1529년에 일어난 스페인-프랑스 전쟁입니다. 이 전쟁에서 스페인이 프랑스에 대승을 거두며 프랑스의 왕자 둘을 포로로 잡았습니다. 유럽에는 귀족을 포로로 사로잡으면 적정한 몸값을 받고 석방하는 전통이 있었기에, 스페인 왕은 무려 120만 이스쿠두escudo(포르투갈의 화폐 단위)의 금화를 요구했다고 합니다. 그런데 프랑스에서 보낸 금화의 순도를 점검하는 데 넉 달이 걸렸고, 이 가운데 4만 개를 순도가 낮다는 이유로 수령을 거부했다고 합니다.[17] 왕이 보낸 금화에도 문제가 있을 정도였으니, 금화나 은화의 순도 측정 문제로 상인들 사이에 갈등이 얼마나 잦았을지 짐작할 수 있겠죠.

네덜란드가
찾아낸 해법은?

암스테르담 은행의 예금통장

이탈리아 못지않게 상업이 발달한 네덜란드에서는 상인들이 1609년 암스테르담 은행Amsterdamse Wisselbank을 설립함으로써 이 문제를 해결할 실마리를 찾았습니다.[18] 당시에는 네덜란드도 열네 곳에서 각각 다른 금화나 은화를 주조했고, 유통되는 외국 화폐의 종류도 다양해서 환전하거나 대금을 지급하는 데 시간이 많이 걸렸다고 합니다.

네덜란드 사람들은 이 문제를 해결하려고 '순도에 따른 화폐 교환' 제도를 고안해냈습니다. 예를 들어 베네치아의 두카트 금화 열 개를 가져온 A 상인은 암스테르담 은행에 금화를 예금하면서 순도가 100%인지 확인합니다. 금화의 순도가 허용 범위를 통과하면 암스테르담 은행은 이를 네

덜란드의 플로린florin 금화 스무 개로 교환해주거나 혹은 플로린 금화 스무 개가 예금되어 있다는 증서(예금통장)를 발급해줍니다.* 이제 A 상인은 암스테르담 예금통장으로 손쉽게 거래를 할 수 있습니다. 네덜란드에서 절인 청어를 구입

---

* 원래 플로린은 피렌체에서 발행된 금화인데, 1600년대 네덜란드에서 만든 금화에도 플로린이라는 이름이 붙었다. 참고로 1두카트는 2플로린으로 교환되었다.

해 베네치아로 돌아갈 때, 암스테르담 은행에 가서 네덜란드 어물전 주인에게 청어 대금을 이체해주면 끝이죠.

그렇다면 암스테르담 은행은 이 번거로운 일을 하는 대가로 어떤 이익을 얻었을까요? 그것은 바로 '보관료'를 받는 것이었습니다. 거래를 편리하게 해주고 6개월마다 금은 5%, 은은 0.25%의 수수료를 받았다고 합니다. 은행에 예금하고 수수료까지 내다니! 지금 기준으로 생각하면 이상한 은행입니다만, 규모가 큰 거래를 하는 상인들은 암스테르담 은행이 제공하는 예금, 계좌이체 등의 서비스가 무척이나 마음에 들었기에 앞다퉈 금화를 예금하려고 했답니다.

심지어 암스테르담 은행에 예금된 금화는 프리미엄이 붙었다고 해요. 다시 말해 20플로린 금화가 예금되어 있는 예금통장은 20플로린이 넘는 가치가 있다고 쳐주었던 것입니다. 영국이나 독일 등 다른 나라로 무역을 하러 가더라도, 암스테르담 은행의 예금통장 잔액을 보여주면 자신의 신용도를 입증할 수 있었고, 상거래도 훨씬 쉽게 이루어졌기 때문입니다.

이 과정을 보면, 암스테르담 은행의 예금통장은 그 자체로 화폐의 기능을 했다고 볼 수 있습니다. 힘들게 금화나 은화를 들고 다닐 필요 없이 자신의 재산을 보여주는 예금통장만 있으면 얼마든지 돈을 쓸 수 있고, 상대에게 이체할 수도 있으니까 말입니다. 그래서 이를 은행화폐라고 합니다.[19] 은행을 매개로 해서 만든 화폐라는 뜻이죠.

한편 앞의 내용에서 금화 열 개를 가져온 사람도 암스테르담 은행을 이용할 수 있는 것처럼 예를 들었지만, 실제로는 300플로린 이상의 금화를 가져온 사람에게만 계좌를 개설해주었다고 합니다.[20] 즉 이는 장사를 크게 하는 상인들을 위한 특별 서비스였던 셈입니다. 은행의 전성기에도 고객의 수는 단 1,200명에 불과했으니 현대의 은행과는 기능이 많이 다른 기관이었습니다. 그럼에도 암스테르담 은행의 등장은 금융의 역사에서 중요한 분기점이 되었습니다. 암스테르담 은행이 은행화폐를 만들면서 신뢰할 수 있는 화폐를 만드는 방법을 알게 되었기 때문입니다. 그리고 암스테르담 은행이 이룬 이 혁신적 성과는 바다 건너 영국에서 꽃피게 됩니다.

영국에서
은행화폐가 자리 잡다!

1688년 영국은 가톨릭교도인 제임스 2세와 국교도인 국회의원 사이에 종교적 긴장감이 높아지고 있었습니다. 다른 나라와의 전쟁이 끝없이 이어지자 제임스 2세는 화약과 전투함을 만들기 위한 목적으로 세금을 인상한 것은 물론 다양한 종류의 세금을 만들었고, 국민들 사이에 불만이 가득 쌓여갔죠. 특히 1671년에는 제임스 2세의 아버지 찰스 2세가 런던의 금융업자에게 빌린 돈에 대한 이자를 더 이상 지급하지 않아 수많은 이들이 파산하는 일까지 겪었습니다.[21]

1688년에 국왕의 전횡을 견디지 못한 국회의원들이 결혼으로 네덜란드로 건너간 메리 공주와 그의 남편 오렌지 공 윌리엄에게 "함께 국왕을 물리치고 왕위에 오르는 게 어떠

냐"고 제안했습니다. 참고로 메리 공주는 아버지와 종교가 달랐고, 남편 윌리엄은 부강한 네덜란드를 통치하며 강력한 군대도 거느리고 있었죠. 물론 영국 국회의원들은 윌리엄과 메리 부부에게 "국왕이 새로운 세금을 걷을 때는 의회의 동의를 받아야 하며, 나아가서 국왕이 국민의 재산을 자의적으로 강탈하지 않겠다"는 약속을 하라고 요구했습니다.[22]

영국 국왕의 자리에 앉을 기회를 노리고 있던 메리와 윌리엄 부부는 이 약속을 받아들이게 되죠. 이를 '권리장전Bill of Rights'(1689)이라고 합니다. 이후 메리와 윌리엄 부부는 망명한 제임스 2세를 대신해 각각 메리 2세, 윌리엄 3세가 되어 공동으로 왕위에 올랐습니다.

이러한 일련의 정치적 변화 이후 영국은 비약적으로 경제가 성장하는데, 가장 대표적인 것이 바로 화폐가치의 안정화입니다. 윌리엄 3세는 암스테르담 은행의 사업 모델을 그대로 가져와 1694년에 영란은행Bank of England을 설립했습니다. 영란은행은 암스테르담 은행처럼 다양한 화폐의 순도를 측정해 예금을 받고 돈을 송금하는 역할을 했을 뿐만 아니라, 은행화폐를 본격적으로 발행함으로써 경제에 큰 변화를 가져왔습니다.

이 부분을 조금 더 설명해보겠습니다. 예를 들어 B 상인이 영란은행에 금 1온스(약 31.1그램)를 예치하면 영란은행은 금 1온스의 가격으로 정해진 3파운드 17실링에 해당하는 은행권을 지급합니다. 이것이 바로 은행화폐입니다.[23] B 상인은 금을 들고 다니다가 그때그때 순도를 측정할 필요가 없어서 좋았고, 영란은행에도 귀한 금이 금고에 쌓이니 좋은 일이었습니다. 특히 영란은행은 예금으로 쌓인 귀금속을 영국 정부에 빌려주어 이자도 받았으니, 누이 좋고 매부 좋은 일이 아니었을까요?

물론 정부가 영란은행에서 돈을 빌려간 다음 떼먹을 수도 있죠. 그러나 이럴 확률은 굉장히 낮아졌습니다. 제임스 2세가 빌린 돈을 제때 갚지 않았을 뿐만 아니라 의회 동의 없이 마음대로 세금을 거두다 왕위에서 물러나는 것을 똑똑히 보았기 때문입니다. 실제로 1688년 명예혁명 이후 영국 정부는 한 번도 빠지지 않고 제때 이자를 냈습니다.

이때부터 '해가 지지 않는 대영제국'의 신화가 시작되었습니다. 화폐가치가 안정되면서 상공업이 발달하고, 영국의 해군은 막강한 자금력 덕분에 전쟁에서 패하지 않게 되었죠. 특히 다른 나라에 비해 영국 정부만 싼 이자로 돈을 빌릴 수 있게 된 것이 결정적이었습니다. 1690년까지만 해도 연 10%에 이르던 영국 채권의 이자율은 1702년에는 6%로, 1755년에는 2.74%로 떨어졌습니다.[24]

다른 나라는 대개 10%가 넘는 이자를 내고 돈을 빌리는데, 영국만 이렇게 낮은 금리를 내고 돈을 빌리니 전쟁도 일종의 '기울어진 운동장'에서 시작하는 셈이었을 겁니다. 실제로 영국은 경쟁국들이 엄두조차 내지 못할 만큼 거대한 함대를 구축했을 뿐만 아니라, 진짜 화약을 사용해 훈련도 실전에 가깝게 할 수 있었다고 합니다.

화폐에 관한 이야기는 이 정도로 마무리하고, 다음 장에서는 은행에 관해 이야기해보겠습니다. 은행은 시장경제에서 가장 중요한 금융기관이니만큼 잘 알아두어야 합니다.

화폐의 기능:

계산 단위, 교환 수단, 가치 저장

포로수용소의 사례에서 알 수 있듯이, 화폐는 사회에서 매우 중요한 역할을 합니다. 특히 화폐가 '계산 단위'가 된다는 것이 가장 중요합니다. 열 종류의 상품만 거래되는 작은 마을을 생각해보겠습니다. 화폐가 없다면, 거래하는 사람들은 서로 대응하는 상품끼리 물물교환을 해야 합니다. 예를 들어 소 한 마리와 면포 여섯 필, 땔감 다섯 단과 곡물 두 가마 등 교환 목록은 생각보다 깁니다. 열 종류의 상품으로 만들 수 있는 거래의 조합은 무려 45가지나 되기 때문입니다.

더 큰 문제는 거래가 성사되려면 서로의 '필요'가 맞아떨어져야 하는데 그 점이 어렵다는 것입니다. 예를 들어 쌀농사를 짓는 김 씨가 쌀을 팔고 면포를 사고 싶은데, 면포를 만드는 이 씨가 쌀을 충분히 비축하고 있다면 이 씨는 김 씨에게 굳이 면포를 팔 이유가 없습니다. 김 씨가 정말 면포를 구입하고 싶다면 쌀을 헐값에 파는 것 이외에 다른 대안은 없습니다. 그리고 이런 일이 반복되면 김 씨는 자신이 직접 면포를 생산하려 들 것입니다. 사람마다 잘하는 일이 다른데 쌀농사를 짓던 사람이 면포를 잘 만들기는 쉽지 않겠지요. 따라서 이 마을의 가계는 필요한 물건을 사기 위해 힘만 들고 정작 원하는 것은 얻지 못하는 불만족스러운 상태가 될 것입니다.

그러나 조개 혹은 다른 귀한 물건이 화폐로 자리 잡는 순간, 이 문제는 어느 정도 해소됩니다. 화폐가 있으면 열 종류의 상품에 대응하는 가격 열 가지만 있으면 되기 때문이죠. 쌀 한 포대는 카우리 조개 세 개, 소 한 마리는 카우리 조개 열 개 하는 식으로 쉽게 계산되니 거래도 쉽게 이루어집니다. 쌀농사를 짓는 김 씨 입장에서는 헐값에 쌀을 면포와 교환할 위험이 낮아지는 것입니다. 그리고 여기에서 화폐의 다른 기능 하나가 주목받는데, 그것은 바로 교환 수단이 된다는 점입니다. 자신이 보유한 카우리 조개가 언제든 다른 재화로 거래될 수 있다는 믿음이 있고, 사람들이 이 믿음을 꾸준히 확인하면 사회 전반에 '신뢰'가 형성되고 경제는 한 단계 더 성장하게 됩니다.

화폐가 교환 수단으로 정착되는 것이 왜 경제 성장으로 이어지는지 살펴보기 위해, 상품이 열 종류만 생산되고 거래되는 마을의 사례를 다시 살펴보겠습니다. 이제 김 씨는 굳이 면포를 생산할 필요가 없습니다. 가을철 수확한 쌀을 카우리 조개와 교환한 다음, 면포의 값이 안정될 때나 새 옷을 입고 싶을 때 카우리 조개를 이용해 면포를 구입하면 됩니다. 이렇게 되면 가게마다 잘하는 일에 집중할 수 있고 예전보다 더 저렴한 비용으로 더 나은 품질을 갖춘 물건을 생산할 수 있게 됩니다. 이것이 분업의 강점이죠.

다양한 물건이나 서비스의 가치를 측정하는 단위로 화폐를 사용하기 시작하면서 이 화폐는 언제라도 사용할 수 있다는 믿음이 생기면, 사람들은 이제 저축해야겠다는 생각을 하게 됩니다. 쌀농사를 짓는 김 씨는 적기에 모내기를 하고 잡초도 열심히 뽑아 쌀 수확량이 크게 늘어났습니다. 풍년이 든 첫해에는 쌀을 팔아 면포를 구입하고 소도 샀는데, 면포는 옷을 짓지 않으면 좀이 슬고 소는 나이가 들면 힘이 떨어지고 아플 수 있죠. 그다음 해에도 풍년이 든다면, 김 씨는 쌀로 면포와 소를 구입하지 않고 다른 수단으로 쌀을 저축할 방법을 찾을 것입니다. 물론 소를 잡아서 이웃과 잔치를 벌이고, 옷을 여러 벌 지어 입는 것도 한 방법입니다. 그러나 언제 흉년이 올지 모르는데 이런 식으로 쌀을 소비하는 게 마음이 편할까요?

이럴 때 카우리 조개는 매우 좋은 저축의 수단이 됩니다. 광 바닥이나 구들장 밑을 파서 카우리 조개를 틈날 때마다 묻어두면, 김 씨의 마음이 편하지 않겠습니까? 그리고 김 씨처럼 부를 축적하는 사람이 늘어날수록, 이들이 분업을 통해 생산된 제품을 사게 되면서 물건도 점점 더 잘 팔리게 될 것입니다. 따라서 화폐가 널리 사용되고 저축 수단으로 자리 잡은 사회는 그렇지 않은 공동체보다 훨씬 더 부유해집니다.

은행의 기원은?

내 집 마련이라는
목표를 이루려면?

너구리 상인의 대출

우리 가족이 즐겨 하는 게임 중에 〈모여봐요 동물의 숲〉
이라는 게임이 있습니다. 세계적인 게임 회사 닌텐도가
2020년에 출시한 게임으로, 시간이 현실과 똑같이 흐르는
가상 세계에서 낚시나 곤충 채집, 정원 가꾸기 등 다양한 활
동을 하고 싶은 대로 즐길 수 있죠. 게임을 시작하면 '무인
도 이주 패키지'를 통해 아무것도 없는 무인도에 초기 주민
두 명과 함께 들어가 로빈슨 크루소처럼 섬을 개척해나가
는 것입니다.

물론 로빈슨 크루소처럼 정말 혼자서 생존하는 게임은 아
닙니다. 너구리를 닮은 상인이 나타나 텐트를 제공하기도
하고 다양한 마일리지 프로그램을 통해 생활필수품을 구입

할 수 있게 도와주기도 하죠. 그러나 계속 텐트에서 살 수는 없습니다. 섬 생활에 적응하며 마일리지를 쌓다 보면 상인이 다음과 같은 제안을 합니다. "집을 짓겠다고 결심했군요? 집을 지으려면 9만 8,000벨을 대출해야 하는데, 어때요? 집 지을래요?" 여기서 "예"라고 대답하면 근사한 집을 지을 수 있는 대신 오랫동안 빚을 갚아야 합니다. 물론 계속 텐트에서 생활하는 것도 가능합니다만 함께 이주했던 친구들이 집을 짓고 다양한 물품으로 집을 꾸미는 것을 보면 결국은 대출해서 집을 짓게 됩니다. 제 아내를 비롯한 게이머 대부분은 집을 구입함으로써 게임 속 세상에서 큰 행복을 느끼는 것 같습니다.

이 사례에서 너구리 상인은 현실 세계에서 은행을 뜻합니다. 앞으로도 계속 높은 소득을 올릴 것 같은, 믿을 수 있는 고객에게 대출해줌으로써 은행은 이자 수입을 챙깁니다. 그리고 대출받은 이들은 새로운 사업을 시작하거나 주택을 구입함으로써 높은 행복감을 맛봅니다. 1장에서 영란은행과 영국 정부 사이에서 일어난 일이 개인 사이에서도 일어나는 것입니다. 그러나 〈모여봐요 동물의 숲〉에 나오는 평화로운 세계는 오랫동안 꿈같은 세계가 상상 속에서 이루어진 것뿐입니다. 실제 세계에서는 윌리엄 셰익스피어의 희곡 《베니스의 상인》*에 나오는 고리대금업자 샤일록이 은행의 이미지에 더 가깝습니다.

---

* 이탈리아의 도시명인 베네치아를 따라 제목이 《베네치아의 상인》이 되어야 하지만, 영국인인 셰익스피어가 이탈리아어 표기인 Venezia 대신 영어 표기인 Venice라고 썼기에 《베니스의 상인》이 되었다.

유태인 고리대금업자, 샤일록 이야기

중세 시대의 '신체 포기 각서'

14세기 이탈리아의 상업 도시 베네치아에 사는 젊은이 바사니오는 사랑하는 포셔와 결혼하고 싶지만, 결혼 지참금이 부족했습니다. 포셔의 집안이 워낙 대단한 세도가이기 때문에 결혼 지참금이 많이 필요했던 것입니다. 돈을 빌리고 결혼 후에 갚으면 되지만, 바사니오는 외모만 출중할 뿐 담보로 맡길 재산이 없었죠. 가까운 친구 안토니오가 대형 상선을 여러 척 보유할 정도로 부유했는데, 안타깝게도 북아프리카와 예루살렘으로 무역선을 보내느라 돈을 다 써버린 상태였습니다.

사람 좋은 안토니오는 바사니오 대신 유태인 고리대금업자 샤일록에게 돈을 빌리는 데 성공했지만, 샤일록은 돈을 빌려주며 "돈을 기한 내에 갚지 못하면 당신의 살 1파운드를 달라"고 요구합니다. 안토니오는 자신의 상선이 제때 돌아올 것을 확신했기에 "그러겠다"고 대답합니다. 여기서부터 본격적인 이야기가 시작됩니다. 현대 사회의 우리는 안토니오의 행동을 잘 이해할 수 없지만, 안토니오가 "그렇다면 돈을 빌리지 않겠다"고 해버리면 바사니오와 포셔가 결혼할 수가 없으니 일단 이 부분은 넘어가겠습니다.

안토니오가 샤일록에게 주겠다고 약속한 살 1파운드, 그러니까 살 454그램을 몸에서 베어내는 것은 목숨을 건 약속이라고 할 수 있습니다. 큰 병에 걸리면 피를 뽑는 게 가장 일반적인 치료법일 정도로 의학이 발달하지 못한 시대라는 것을 고려하면, 안토니오는 살 1파운드를 베어내고 목숨을 부지할 가능성은 희박합니다.

그런데 샤일록이 돈을 빌려주면서 이런 무시무시한 담보를 요구한 이유는 무엇일까요?

《베니스의 상인》에서는 샤일록이 안토니오에게 사적 원한이 있기 때문이라고 했지만, 실제 중세 시대에는 유태인 고리대금업자가 돈을 빌려줄 때 '신체 포기 각서'를 쓰라고 종종 요구하곤 했습니다. 돈을 빌려간 뒤 떼먹는 사람, 특히 빚을 갚지 않는 권력자가 너무나 많았기에 점점 더 악착같이 약속을 받아냈고 더 강력한 약속을 받고 싶어 했죠.

피렌체의 메디치 가문은 미켈란젤로와 다빈치 등 르네상스 시대의 예술가들에게 후원을 아끼지 않은 것으로 유명합니다. 그런데 이 가문도 1469년 영국의 에드워드 4세에게 빌려준 돈을 받지 못하면서 경영난에 처했고, 1479년 프랑스의 부르고뉴 공작에게 빌려준 돈까지 떼이면서 사실상 은행업을 접었다고 합니다.[1] 물론 그 일로 메디치 가문이 망한 것은 아니었는데, 이는 은행가가 아니라 피렌체 지역을 무력으로 지배하는 '토스카나 대공 가문'으로 변신에 성공했기 때문이었습니다.

참고로 교황 레오 10세(재위 기간 1513~1521년)와 클레멘스 7세(재위 기간 1523~1534년), 레오 11세(재위 기간 1605년) 모두 메디치 가문 출신입니다. 이처럼 메디치 가문은 친인척을 교황의 자리에 앉히기 위해 부단히 노력했는데, 권력자들에게 돈을 빌려주고 받지 못하는 일이 생기자 '강한 권력'이 필요하다고 생각했기 때문입니다.

현재와 같은 은행업은 언제 시작되었을까?

재산권이 정립되다

그렇다면 게임 속 너구리 상인처럼 은행이 부동산을 담보로 돈을 빌려주거나, 이렇다 할 자산이 없을 때 개인의 신용 상태에 따라 대출해주는 시스템이 언제부터 자리를 잡은 걸까요? 결론부터 이야기하자면, 근대적인 은행업이 정착한 것은 불과 300여 년 전에 불과합니다. 은행업을 시작하는 데 필요한 핵심 조건인 재산권이 이때 제대로 정립되었기 때문입니다.

재산권이란 내가 힘들게 일군 재산을 일정 비율의 세금만 내면 처분할 수 있고, 자손에게 상속할 수 있는 권리라고 할 수 있습니다. 재산권이 있으면 정부나 국왕, 귀족 같은 권력자가 국민 개개인의 재산을 마음대로 강탈하는 일을 막을 수 있죠. 지금의 우리에게는 이것이 지극히 당연한 일처럼 보이지만, 과거에는 상황이 달랐습니다. 국왕이나 귀족은 국민들의 재산을 마음대로 빼앗고 심지어 생명까지도 빼앗 곤 했습니다.

이 문제를 해결할 실마리가 된 중요한 사건이 1688년 영국 명예혁명입니다.[2] 1장에서 명예혁명에 대해 설명했듯이, 세금을 마음대로 부과하고 런던 시민에게 빌린 돈을 떼먹 던 왕은 쫓겨나고, 새 왕이 와서 "다시는 돈을 떼먹지 않고 세금도 마음대로 부과하지 않겠다"고 약속했습니다. 이후 영국 정부는 이자나 원금을 단 한 번도 빠지지 않고 지급했 다고 합니다.

명예혁명 이후 왕위에 오른 메리 2세와 윌리엄 3세가 인 품이 훌륭한 사람이라서 약속을 잘 지킨 것이 아닙니다. 마 음대로 세금을 걷거나 빌린 돈을 갚지 못하면 왕위에서 쫓 겨난다는 것을 잘 알았기 때문이었습니다. 한 나라의 국왕 조차 국민의 재산을 강탈할 수 없게 되니 귀족들도 이전처 럼 농민이나 상인 위에 군림할 수 없게 된 것입니다.

이때부터 영국에서 은행업이 번성하기 시작했습니다. 예 전에는 시민들이 "권력자들이 내가 은행에 예금한 귀금속을 언제 빼앗을지 몰라" 하며 걱정했지만, 재산권이 보장되자 시민들도 집 안 깊숙이 숨겨놓았던 귀금속을 은행에 가져가 예치하게 되죠. 여기서 말하는 재산권property이란, 소유자가 집이나 예금처럼 귀한 물건을 마음먹은 대로 처분할 수 있게 법적으로 보호하는 것입니다.

은행은 예금으로
어떻게 돈을 벌까?

예금이 대출을 낳는다

은행에 예금으로 쌓인 돈은 경제의 흐름에 따라 끊임없이 순환합니다. 초기의 은행은 귀금속의 가치를 파악해 이에 대한 증서를 발급해주고 다른 이의 예금계좌에 돈을 송금해주는 정도의 역할만 담당했습니다. 이것만으로도 은행은 높은 수익을 올릴 수 있었죠. 그런데 여기서 한발 더 나아간 금융의 선구자들이 있었습니다.

　이들은 귀금속이 은행에 예치되기만 하고 인출되는 경우는 드물다는 것을 알아차렸습니다. 시중에는 실제 귀금속 대신 은행에 자신의 귀금속이 예치되어 있다는 내용이 담긴 증서(예금화폐)만 돌아다녔습니다. 은행가들은 예금되어 늘 은행에 있는 귀금속을 활용해 이자를 받고 돈을 빌려주기 시작했습니다.³ 물론 예금을 모두 빌려주지 않고, 만일의 사태에 대비해 일부를 남겨두고 대출해주었습니다.

그런데 대출해줄 때 문제가 한 가지 있었습니다. 돈을 빌리려는 사람의 신용도를 정확하게 파악할 방법이 없다는 것입니다. 귀족에게만 대출해주는 방법을 고려할 수 있지만, 산업혁명 과정에서 몰락한 가문이 적지 않았다는 게 문제였습니다. 가장 대표적인 사례가 윈스턴 처칠 (1874~1965년) 경의 가문입니다. 윈스턴 처칠의 아버지 랜돌프는 말버러 공작의 둘째 아들로 태어났지만, 사치를 심하게 부리다 결국 큰 빚을 지고 미국 재벌의 딸과 결혼하게 됩니다.⁴

윈스턴 처칠 경의 어머니는 미국 사교계의 여왕 제니 제롬입니다. 랜돌프 처칠은 제니 제롬이 가져온 결혼 지참금으로 빚을 갚을 수 있었고, 제니가 영국 국왕 에드워드 7세의 애인이 되자 재무부 장관 자리에까지 오르게 됩니다. 참고로 처칠 경의 외할아버지 레너드 제롬(1817~1891년)은 영국 출신의 이민자로, 철도 사업에서 큰 성공을 거두자 신분 세탁이 필요해 말버러 공작가와 사돈을 맺은 것입니다.

이런 복잡한 가정사 탓에 처칠 경은 어린 시절부터 부

모님과 사이가 나빴고, 줄곧 기숙학교에서 생활했다고 합니다. 특히 사관학교를 졸업한 후 아버지가 강하게 만류하는데도 뿌리치고 남아프리카에서 발생한 보어 전쟁(1899~1902년)에 종군기자로 갔다가 포로가 되었고, 다행히 포로수용소를 극적으로 탈출하여 국민적 영웅이 되었죠.

말버러 공작가 사례에서 보는 것처럼, 은행은 귀족이라고 해서 전적으로 믿고 돈을 빌려줄 수 없었습니다. 랜돌프 처칠 같은 행운아는 드물었고, 몰락한 가문 대부분은 파산해 은행에 큰 손실을 입히곤 했기 때문입니다. 따라서 은행은 무언가 대책을 마련해야 했습니다.

정보 비대칭의 문제

부실 대출에 대해 은행은 어떤 대책을 세워야 할까요? 이 문제를 해결하는 방법은 두 가지가 있습니다. 첫째는 가장 손쉬운 방법인 대출 대상자를 다각화하는 것입니다. 다시 말해, 다양한 사람들에게 나눠서 빌려주는 것이죠. 메디치 은행이 영국의 국왕과 프랑스의 대귀족에게 돈을 빌려줬다 떼이면서 큰 위기를 맞았던 일을 교훈 삼아, 소액으로 그리고 다양한 직종에 종사하는 이들에게 대출해주는 방법을 쓰면 은행은 어느 정도 안전망을 마련할 수 있습니다. 그러나 아무리 다양하게 대출해주어도 은행은 망할 수 있습니다. 실제 2008년 금융위기 때 세계 최고의 미국 은행들이 줄줄이 도산한 것을 보면, 많은 사람에게 대출해주는 것만으로 이 문제를 완전히 해결할 수 없음을 알 수 있습니다.

둘째는 전문가를 두어 신용도를 측정하는 것입니다. 대출해준 고객이 돈을 갚지 못해 은행마저 위험해지는 문제는 결국 정보 비대칭 때문이라고 할 수 있습니다.[5] 정보 비대칭이란 거래 당사자 양측이 가진 정보의 양과 수준이 크게 차이가 나는 상황을 뜻합니다. 이 문제가 가장 크게 나타나는 중고차 시장을 예로 들어 정보 비대칭 문제를 설명하겠습니다.

중고차 시장에서 연식이 2년 미만인 차는 주로 신차 가격의 70% 혹은 그 이하 수준으로 팔리곤 합니다. 중고차를 팔려는 사람은 자기 차가 고장이 자주 났는지 아니면 잔고장 없이 쾌적하게 운행되는지 잘 알고 있습니다. 반대로 중고차를 사려는 사람은 이 차가 겉만 멀쩡하고 고장이 잦은 차인지 아니면 정말 멀쩡한 차인지를 구분할 방법이 마땅히 없습니다. 이런 현상이 바로 정보 비대칭입니다. 차를 파는 사람과 사는 사람이 동일한 정보를 가지고 있지 않은 겁니다.

이런 상황에서, 중고차를 구입하는 사람은 일단 가격을 깎고 볼 것입니다. 이 차가 겉만 번지르르하고 문제가 있는 차일 수 있으니, 아예 싸게 사는 게 안전한 선택일 수 있습

니다. 한편 차를 파는 사람은 두 가지 경우가 있습니다. 먼저 상태가 좋은 차를 가진 사람은 헐값에 차를 팔지 않을 것이며, 상태가 나쁜 차를 가진 사람은 선뜻 차를 팔 겁니다.

결국 중고차 시장에 상태가 좋은 차는 없고 큰 사고 경력이 있는 차나 고장 난 차만 득실거릴 겁니다. 이런 상황을 경제학자들은 '시장의 실패'라고 합니다. 적절한 값으로 품질 좋은 중고차를 구입하려는 사람들은 아예 새 차를 살 것이고, 좋은 품질의 차를 적절한 값에 팔려는 사람들은 중고차 시장에 차를 팔지 않을 것이기 때문입니다.

은행에서도 중고차 시장과 비슷한 일이 벌어집니다. 은행의 대출 담당자가 돈을 빌리려는 이의 신용도를 파악할 능력이 없다면, 돈을 갚지 않을 위험성을 감안해 누구에게나 높은 이자를 받으려고 할 것입니다. 정직하고 성실한 사람들은 자신의 신용도에 비해 너무 높은 이자를 내야 한다는 것을 알면 대출을 포기할 가능성이 높은 반면, 처음부터 돈을 갚을 생각이 없는 이들은 금리에 상관없이 선뜻 돈을 빌리려고 하겠지요. 따라서 은행은 돈을 갚지 않는 사기꾼들에게만 돈을 빌려주는 꼴이 됩니다.[6]

정보 비대칭
문제를 해결하는 방법

'시장의 실패'가 일어나지 않으려면?

정보 비대칭 문제를 해결할 방법은 무엇일까요? 시장에서는 두 가지 방법을 자주 사용합니다. 첫째는 품질을 보증하는 것입니다. 몇몇 중고차 중개회사는 "매매 후 6개월 이내 고장이 발생하면 바로 환불해주겠다"고 약속합니다. 물론 기존에 중고차를 구매할 때보다 찻값이 더 비싸지만 적절한 가격에 괜찮은 중고차를 구입하고 싶어 하는 고객은 이 제도를 크게 환영합니다. 이를 경제학에서는 '비용을 들이는 신호'라고 합니다.[7]

은행이 좋은 직장에 다니는 이들에게 대출해주는 이유를 이 사례로 알 수 있습니다. 즉 중고차 품질 보증 제도처럼, 좋은 직장은 그 사람의 신용을 보증해주는 역할을 합니다.

좋은 직장에 들어가려면 오랫동안 공부해야 하며, 취직하면 매일 정시에 출근해 일을 해야 하니 그의 '성실성'이 사실상 보증된 셈입니다. 어떤 이들은 "대기업 사원 혹은 공무원이 되면 가장 좋은 점이 대출받기 쉬운 것"이라고 답할 정도입니다.

둘째는 전문가를 활용하는 것입니다. 제가 쓴 방법이기도 합니다. 간단하게 말해, 엔진 소리만 들어도 차의 상태를 금방 파악할 수 있을 정도로 자동차를 잘 아는 전문가를 활용하는 것입니다. 물론 그분에게 기본적인 하루 일당보다 더 많은 돈을 드렸죠. 20여 년 전, 집 근처의 중고차 전시장에 방문해 차를 구입할 때 자동차 전문가와 함께 가니 정말 마음이 편하더군요. 그분은 휴일에 돈을 벌어 좋고, 저는 적절한 값에 괜찮은 중고차를 살 수 있어서 좋으니 모두에게 이익이 되는 거래인 셈이었습니다.

은행도 이 방법을 자주 씁니다. 제가 한국에서 제일 큰 시중은행에 다니던 시절, 은행에서 가장 힘이 센 부서가 바로 심사분석부였습니다. 이름에서 바로 알 수 있듯이 기업이나 개인의 신용 상태를 조사하는 직원들이 있는 부서입니다. 이 직원들은 회계 및 경영 전문가들로, 고객의 재산 상태와

평판, 사업 여건 등을 분석해 돈을 갚을 능력이 있는 검증된 사람에게만 빌려주려고 노력합니다.[8]

물론 이것만으로 모든 문제가 해결되지는 않습니다. 은행 대부분은 대출해줄 때 개인이나 기업의 예금통장도 함께 개설해 주거래 통장으로 사용하라고 요구합니다. 고객의 통장 거래 내역을 보면 이 사람의 신용 상태를 손쉽게 파악할 수 있기 때문입니다. 나가는 돈은 많은데 들어오는 돈이 적다면, 이는 대출을 제때 상환하지 못할 위험성이 높다는 신호일 수 있습니다. 이럴 때는 은행의 위험 관리 담당 부서가 "대출금을 조기에 회수하라"고 지시할 것입니다.

은행은
돈을 새로 찍어내기도 한다!

은행이 성장하면 경제가 발전한다

사람들이 은행에 기꺼이 돈을 예금하고, 은행들이 신용 좋은 기업이나 가계에 이를 대출해주면 경제에 돈이 넘쳐 흐르게 됩니다. 이 과정을 설명해보겠습니다.

먼저 A은행에 10억 원의 돈이 예금되었다고 가정해보죠. 그런데 이 은행이 예금의 10%를 남겨두고 나머지 90%를 대출해준다면, 10억 원 중에 9억 원만 대출이 가능합니다. 이렇게 예금의 대부분을 대출해줄 수 있는 이유는 고객들이 자신이 맡긴 돈을 한꺼번에 찾으러 오지 않기 때문입니다. 이제 돈을 대출해줄 것이고, 이 돈으로 가계와 기업의 소비와 투자가 활성화되면 이 돈은 다시 은행의 예금통장으로 돌아올 것입니다.

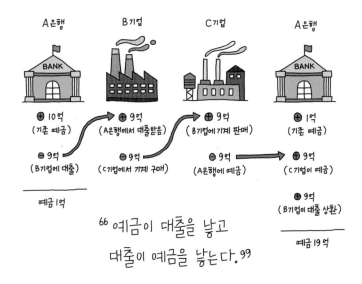

A은행　　　　　B기업　　　　　C기업　　　　　A은행

⊕ 10억　　　⊕ 9억　　　　⊕ 9억　　　　⊕ 1억
(기존 예금)　(A은행에서 대출받음)　(B기업에 기계 판매)　(기존 예금)

⊖ 9억　　　⊖ 9억　　　⊖ 9억　　　⊕ 9억
(B기업에 대출)　(C기업에서 기계 구매)　(A은행에 예금)　(C기업이 예금)

예금 1억

66 예금이 대출을 낳고
대출이 예금을 낳는다. 99

⊕ 9억
(B기업이 대출 상환)

예금 19억

　예를 들어 B사가 9억 원을 대출받았다면, 이 돈을 현금으로 들고 있을 이유가 없습니다. 기계를 사거나 직원을 채용할 것이며 새로운 공장을 짓기 위해 토지를 매입할 수도 있습니다. 그리고 이러한 투자 과정에서 B사와 거래한 회사는 현금을 받았으니, 이 돈을 다시 은행에 예금할 것입니다. A은행은 새로 예금된 이 돈의 10%만 만일을 대비해 남겨놓고 다시 개인이나 기업에 대출해줍니다. 이런 식으로 예금이 대출되고, 이 대출이 다시 예금되는 과정이 계속 반복됩니다.

　따라서 10억 원의 예금으로 국가 경제에 100억 원이라는 돈도 만들어낼 수 있습니다. 수식으로 굳이 표현하면 '새로 만든 돈=신규 예금×1/지급준비금 비율'이 됩니다. 여기서 지급준비금 비율이란 은행이 예금으로 받은 돈 중에서 만일을 대비해 보관하는 돈의 비율을 뜻합니다. A은행의 지급준비금 비율은 10%였으니, 이에 해당하는 1억 원의 예금이 10억 원의 새로운 돈을 만들어낸 셈입니다. 이런 식으로 한번 돈이 예금되면 그 돈을 기초로 하여 예금이 계속 불어나는 것을 '파생통화'라고 합니다.[9]

이 사례를 통해 은행이 성장하면 경제가 발전하는 이유를 살펴보았습니다. 그러나 지금까지는 안정된 경제 상황만 다루었습니다. 당연히 경제가 항상 탈 없이 돌아가는 것은 아닙니다. 특히 지난 2011년 초 저축은행 사태처럼 예금자들이 갑자기 은행에서 예금을 대거 인출하는 일, 즉 뱅크런bank run이 발생하면 경제는 큰 타격을 입게 됩니다.

뱅크런은
어떻게 막을 수 있을까?

부산저축은행 사태의 원인

1장에서 화폐를 설명하며 화폐가 사회에서 제대로 역할을 하기 위해 가장 필요한 조건은 '신뢰'라고 이야기했습니다. 이는 은행도 마찬가지입니다. 영란은행처럼 정부와 밀접한 관계를 맺고 있는 은행은 나라가 망하지 않는 한 망할 가능성이 거의 없지만, 부유한 상인이나 귀족이 만든 은행은 대출이 부실화되면 언제든 뱅크런이 일어날 수 있습니다. 그리고 뱅크런이 일어나면 경제는 치명적인 타격을 받게 됩니다. 사람이 큰 상처를 입어 피를 많이 흘리면 결국 죽음에 이르는 것처럼 경제에서 혈액 역할을 하는 통화량이 감소하면 경제도 연쇄적으로 악영향을 받기 때문입니다.

예를 들어 A은행이 부실화되었다는 소문이 퍼져 고객들

이 자신이 맡긴 예금을 돌려달라고 하면, 이 은행은 보유한 채권이나 주식을 팔고 대출금을 회수해 예금을 지급하려고 할 것입니다.[10] 대출금은 신속하게 회수하기 어려우니, A은행은 가격과 상관없이 보유한 채권이나 주식을 팔아서 현금을 확보할 수밖에 없죠. 이 과정에서 채권이나 주식의 가격까지 떨어지면 금융시장이 크게 흔들리게 됩니다.

　A은행이 주식이나 채권을 매각해서 어려움을 해결할 수 있다면 다행이지만 그러지 못하는 경우도 종종 있습니다. 즉 주식과 채권을 팔아서 해결이 어려운 상황에 이르면 A은행은 다른 이들에게 나간 대출금을 회수해야 합니다. 그러나 이렇게 하면 A은행뿐만 아니라 국가 경제까지 무너질 수 있습니다. 가계나 기업은 대출이 계속 연장될 것이라고 예상하고 주택을 구입하거나 기계 장비에 투자했는데, 갑자기 대출을 갚으라는 통보를 받으면 큰 경제적 어려움에 처하거나 심지어 파산할 수도 있기 때문이죠.

　따라서 각국 정부는 뱅크런을 막으려고 다각도로 노력을 기울였습니다. 가장 대표적인 것이 예금보험 제도입니다. 예금보험이란 예금 중 일정 금액을 은행이 망하더라도 정부가 대신 지급해주는 제도입니다. 한국은 1인당 5,000만

부산저축은행에서 예금을 인출하기 위해 몰려든 사람들.

원까지, 미국은 1인당 10만 달러까지, 일본은 1,000만 엔까지 정부가 예금을 보장해줍니다. 그러나 이것만으로는 뱅크런을 완전히 막지 못하기 때문에 2011년 부산저축은행 사태 때 총 5,131억 원의 예금이 손실되었습니다.[11]

예금보험 제도는
아무 문제가 없을까?

부실 위험에 처한 은행의 선택

예금보험 제도는 뱅크런을 막으려고 만들었지만 많은 부작용이 따릅니다. 부실 위험에 처한 은행이 고객에게 고금리를 약속하고 자금을 끌어들인 뒤 위험한 곳에 대출해줄 가능성이 높기 때문입니다. 가장 대표적인 사례가 2011년 저축은행 사태입니다.

2011년 저축은행들은 프로젝트 파이낸싱PF에 대출해준 규모가 컸는데, 2008년에 발생했던 글로벌 금융위기의 충격으로 이 프로젝트 파이낸싱이 부실해졌습니다. 여기서 프로젝트 파이낸싱이란 단일한 회사가 자금을 확보하는 것이 아니라 건설이나 대형 사업 같은 프로젝트 단위로 자금을 조달하는 방식을 말합니다. 예를 들어 서울 강남역과 수원

광교를 연결하는 광역전철인 신분당선 건설 프로젝트가 시작되면, 정부는 토지를 빌려주거나 인허가를 해주고, 시행사는 당장은 돈이 많이 들더라도 장기간 수익을 올릴 수 있으니 투자자를 모집하며, 저축은행은 이 프로젝트에 고금리로 돈을 빌려줍니다.

그러나 돌발 변수가 발생해 프로젝트가 지연되거나 아예 사업 환경이 바뀌어 돈을 벌 가능성이 사라지면, 프로젝트 파이낸싱 대출은 은행에 재앙이 됩니다. 물론 신분당선 건설 사업은 이용객이 정말 많아서 결과적으로는 성공적인 프로젝트가 되었지만, 실패한 프로젝트도 많았습니다. 다양한 곳에 분산해 대출해주었다면 문제가 없었겠지만, 저축은행들은 수익을 올리는 데만 급급하여 특정 프로젝트 파이낸싱에 집중적으로 돈을 빌려줬고 결국 어려움에 처하게 되었죠.

이렇게 경영난에 처한 C저축은행은 어떻게 조치를 취할까요? 부실한 대출을 열심히 회수하고 비용을 절감하기 위해 노력할 수도 있지만, 어쩌면 정반대의 조치를 취할지도 모릅니다. 즉 다른 금융기관에 비해 훨씬 더 높은 금리를 제시해 고객의 돈을 끌어모은 뒤 높은 수익이 기대되는 곳에 집중적으로 대출해주는 것입니다.[12] 일이 잘되면 단번에 문제가 해결될 뿐만 아니라 C저축은행 대주주가 막대한 돈을 벌 수 있을 것이고, 잘못되면 조금 일찍 파산하는 것뿐이니 C저축은행에는 해볼 만한 게임일 것입니다.

이런 식으로 영업하는 저축은행에 예금하는 사람이 없으면 좋겠지만, 현실은 그렇지 않죠. 5,000만 원까지 예금보험이 되니 돈 많은 사람들은 고금리를 노리고 이 저축은행에 예금할 가능성이 높습니다. 원금을 잃어버릴 위험이 없으니 고금리를 주는 곳에 예금하고 수익을 얻고 싶죠. 이 과정에서 가장 큰 피해자는 정부와 정보력이 낮은 소비자입니다.

2011년 1월에 시작된 부산 지역 저축은행 파산이 2012년까지 이어지며 솔로몬저축은행 등 저축은행 4개사가 추가로 문을 닫은 사건이 대표적인 사례입니다. 이때 내수 경기가 심각한 부진에 빠졌고 5,000만 원 이상 예금한 수많은 이용자가 큰 피해를 입었습니다. 이후 대우조선해양과 한진해운, 동양그룹 등 여러 기업이 연쇄적으로 파산한 일 또한 저축은행 사태와 무관하다고 할 수 없습니다.

자기자본 비율 규제란?

자기자본을 확충하는 세 가지 방법

어떻게 하면 이런 문제를 막을 수 있을까요? 이 문제를 해결하려고 만든 것이 국제결제은행BIS 자기자본 비율 규제입니다.

여기서 자기자본이란 은행이 주주들에게서 조달한 자본금과 사업하면서 벌어들인 이익을 더한 자본입니다. 은행은 자사의 자금에 고객이 맡긴 예금을 합쳐서 대출해주는데, 대출금과 비교한 자기자본 비율이 8% 밑으로 내려가면 강력한 구조조정(적기 시정조치)에 들어갑니다. 제일 먼저 은행이 주주에게 지급하는 배당을 삭감하고, 직원에게 지급하던 보너스를 중단하는 등 다양한 방식으로 비용을 절감하는 조치를 취하고, 심지어 은행을 다른 곳에 매각하거나 문을 닫게 만들기도 합니다.

예를 들어 D은행의 자기자본이 8조 원이고 대출금이 100조 원이라면 BIS 기준 자기자본 비율은 8%(8/100×100)입니다. 그런데 갑자기 경기가 나빠져 1조 원의 대출이 부실화되어 그중 5,000억 원만 회수할 수 있다면, D은행의 자기자본 비율은 8% 밑으로 떨어질 것입니다. 이때 D은행의 선택지는 세 가지가 있습니다.

첫째는 장부 조작입니다.[13] 부실을 숨기거나 자기자본의 규모를 부풀리는 것이죠. 2011년 저축은행의 BIS 기준 자기자본 비율만 믿고 저축은행에 예금을 맡긴 이들이 큰 손실을 본 것이 이것 때문입니다. 2008년 글로벌 금융위기 때 미국의 은행들도 신용평가회사와 담합해 신용 상태가 나쁜 이들에게 해준 대출을 건전한 것처럼 포장하다가 문제가 터진 것입니다.[14]

둘째는 자기자본 확충입니다. 주식이나 후순위 채권 등을 발행해 자기자본을 기존 7조 5,000억 원에서 8조 원으로 다시 높이면 BIS 기준 자기자본 비율을 8%로 맞출 수 있죠. 여기서 후순위 채권이란 은행이 파산할 경우 돈을 돌려받는 순위가 뒤로 밀리는 채권을 뜻합니다.[15] 은행이 파산하면 제일 먼저 예금보험에 해당하는 예금자들이 5,000만 원까지 돈을 찾아갑니다. 다음은 은행이 발행한 채권, 즉 금융채를 가진 사람들이 돈을 찾아가고, 그다음은 후순위채 보유자가 돈을 돌려받습니다. 이 은행의 주식을 보유한 사람은 후순위채 다음 순서이니, 제일 큰 손해를 볼 것입니다. 은행이 후순위채를 발행하는 이유는 이 채권발행액의 50%를 자기자본으로 인정해주기 때문입니다.[16] 2011년 당시 저축은행이 후순위채를 마치 고금리 특판 예금인 것처럼 판매해 문제가 되었는데, 바로 이런 배경이 있었습니다.[17] 적기 시정조치를 받아 구조조정이 되는 위기를 모면하려면 재빨리 자기자본을 확충해야 했기 때문에 저축은행들이 온갖 편법을 사용했던 것이죠.

D은행의 마지막 선택지는 자발적인 구조조정입니다. 손해를 보더라도 보유 부동산과 주식을 신속하게 처분하는 한편, 우량 고객에게 빌려준 돈을 회수하는 것이죠. 물론 이 선택은 장기적으로 보면 D은행에 독이 될 것입니다. D은행에 빌린 돈을 즉각 돌려줄 정도로 여유 자금이 있는 고객은 신용 상태가 매우 탄탄하다는 뜻인데, 이들에게서 돈을 회수한다는 것은 이들을 다른 은행으로 가라고 내쫓는 꼴이기 때

문입니다. 나아가서 은행이 소유한 건물 대부분은 각 도시의 요지에 있는 알짜들이라서 미래에 가격이 상승할 가능성이 높은데 그것까지도 포기하는 것입니다. 결국 D은행이 이 방법을 쓴다는 것은 다른 두 가지 방법을 써도 상황이 여의치 않다는 의미입니다.

D은행의 사례에서 알 수 있듯이 BIS 기준 자기자본 비율 규제도 많은 문제를 안고 있습니다. 따라서 감독 당국은 수시로 은행의 경영 상태를 살피고 있으며, 한국은행은 한 해에 두 차례 《금융안정보고서》를 발간하여 혹시라도 닥칠지 모르는 은행의 부실화 위험성을 측정합니다.

금리가 인상되면
왜 성장률이 떨어질까?

금리 인상의 막대한 파급력

2장에서 마지막으로 다룰 내용은 금리 변화가 경제에 미치는 영향입니다. 한 해에 여덟 차례 열리는 금융통화위원회에서 기준금리를 결정하는데, 이 기준금리가 곧 은행의 예금금리가 됩니다.[18] 그 이유는 한국은행이 시중은행, 증권사 등 각종 금융기관과 금융거래를 할 때 이 기준금리를 기준으로 삼기 때문입니다.

예를 들어 한국은행이 기준금리를 2.0%로 결정하면, 한국은행은 이때부터 시중은행에 2.0%의 금리로 돈을 빌려줄 것입니다. 따라서 시중은행이 굳이 2.0%보다 높은 예금금리를 고객에게 제시할 이유가 없습니다. 고객에게 높은 금리를 주고 예금을 받으면 은행의 지출만 느는데 굳이 그럴 필요가 없지요. 물론 앞의 저축은행 사태에서 살펴본 것처럼, 부실 위험이 높아 예금을 유치하기 어려운 은행은 기준금리보다 높은 금리를 제시해 고객의 예금을 끌어들일 수도 있습니다.

이제 기준금리가 1.5%에서 2.0%로 인상된 경우를 살펴보죠. 이렇게 되면 경제에 두 가지 변화가 일어납니다. 첫째, 은행 예금금리가 인상됨에 따라 사람들에게 저축해야겠다는 동기가 생깁니다. 예전에는 "금리가 이렇게 형편없는데, 무슨 저축이야"라고 하던 사람도 예금금리가 인상되니 저축액을 늘릴 것입니다. 이렇게 저축이 늘어날수록 소비는 줄어들 테니, 사업하는 사람들은 어려움을 겪을 것입니다. 한 달에 두 번 외식하던 집이 횟수를 한 번으로 줄인다면, 그 동네의 음식점은 매출이 줄어들 수밖에 없죠. 따라서 이 음식점은 종업원의 수를 줄이거나 풀타임으로 일하던 종업원을 파트타임 근무로 바꿀지 모릅니다. 이런 과정을 거치며 고용과 소비가 줄어들고 급기야 경제성장률도 낮아질 것입니다.

기준금리의 인상은 기업에도 지대한 영향을 미칩니다. 예금금리가 인상됨에 따라 은행은 대출금리도 인상하려 들

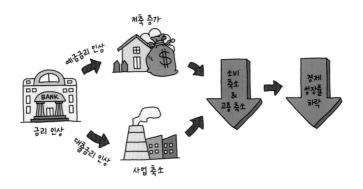

저축 증가

예금금리 인상

BANK

금리 인상

대출금리 인상

사업 축소

소비 축소 & 고용 축소

경제 성장률 하락

것입니다. 혹시라도 빌려준 돈을 회수하지 못할 사태에 대비해 은행은 예금금리에 1% 혹은 2%를 더한 금리로 대출해주기 때문에 예금금리의 인상은 곧 대출금리의 상승으로 이어지죠. 새로운 프로젝트를 추진하기 위해 은행에서 대출을 받으려던 G사의 입장에서, 금리 인상은 프로젝트 자체를 재검토하게 하는 요인이 될 것입니다. "은행에 이 이자를 지불하면서 수익을 낼 수 있을까" 하고 고민하다가 어쩌면 프로젝트 전부를 전면 취소할 수도 있습니다. 그리고 G사의 신규 프로젝트 전면 중단은 일파만파로 퍼져나갑니다. 이 프로젝트에 필요해 인력을 채용하려던 계획이 중단될 것이며, 특히 프로젝트 과정에 필요한 자재와 부품, 기계를 공급하려던 회사들은 하늘이 무너진 듯한 충격을 받을

것입니다. G사의 사업 추진에 대비해 잔뜩 투자한 것이 수
포로 돌아갔으니, 이 회사들은 직원을 해고하고 헐값에 기
계 설비를 팔아서 빌린 돈을 갚아야 하기 때문입니다. 그리
고 이 소식을 접한 주식 투자자들은 G사의 주식과 G사와
거래하는 벤더 주식을 서둘러 매도해서 손실을 줄이려 하
겠죠. 이런 일련의 과정이 경제성장률 하락의 요인으로 작
용합니다. 소비와 투자, 주식가격이 모두 떨어지는데 경제
성장률이 높아지기는 쉽지 않을 테니 말입니다.

기준금리의 인상이 일으키는 연쇄적인 반응을 보며, 기준
금리가 얼마나 중대한 영향을 미치는지 알 수 있을 겁니다.
3장에서는 주식이 무엇인지 그리고 어떤 과정을 거쳐 생겨
났는지 자세히 살펴보겠습니다.

특허제도는 어떻게 생겨났고
어떤 영향을 미쳤나?

정부가 개인의 사유재산을 인정하고 권력자가 재산을 빼앗지 못하도록 규제한 것이 경제 발전에 주요한 원동력이었다고 이야기했는데, 특수한 재산권이 한 가지 더 있습니다. 바로 특허patent제도입니다.

세계에서 특허권을 처음으로 인정한 나라는 1474년 이탈리아의 베네치아공화국입니다. 법률에 "이 도시에는 머리가 아주 뛰어나 온갖 종류의 기발한 장치를 고안하고 발명할 수 있는 사람이 많다. 개인이 발명한 작품과 장치를 남이 베끼지 못하도록 규정해야 한다. 그래서 발명가의 명예가 깎이지 않게 하고, 발명가가 국가에 적지 않은 혜택을 주는 유용한 물건을 발명하고 제작하도록 도와줘야 한다"라는 조항이 있습니다.[19] 베네치아공화국의 특허법은 이후 유럽의 다른 지역으로 전파되었고, 영국은 1562년에 특허법을 제정하기에 이릅니다.

그럼 특허 관련 권리는 경제와 사회에 어떤 영향을 미칠까요? 특허제도의 역할은 크게 세 가지를 들 수 있습니다.

첫째, 사람은 자신의 특허가 보호되지 않는다면 새로운 발명을 할 동기가 생기지 않습니다. 즉 특허제도는 발명가의 특허를 보호해주어 계속 발명을 할 수 있게 합니다. 예를 들어 네덜란드의 장인 F가 획기적인 풍차를 개발했는데, 이 기술이 특허로 등록되지 않아 다른 이들이 이 기술을 모방해 사업을 벌인다면 장인 F에게 돌아가는 혜택은 아무것도 없습니다. 따라서 장인 F는 다시는 새로운 풍차를 개발하지 않을지도 모릅니다. 이 문제를 해결하려면 장인 F에게 독점적 사용권을 보장하거나, 다른 이들이 장인 F에게 특허 사용료를 지급하게 해야 합니다. 최근 미국과 중국 사이에 무역 긴장이 높아지는 데는 중국 기업들이 미국이나 일본 등 선진국의 기술을 사용료도 내지 않고 무단으로 사용한 것에서 비롯된 측면이 있죠.[20]

둘째, 특허제도는 정보를 공개하는 역할을 합니다. 새로운 풍차 관련 특허를 제출해 인정받으려면 특허의 내용을 상세하고 정확하게 묘사해야 합니다. 따라서 다른 경쟁자들은 법원이 인정한 특허를 열심히 공부할 것이며, 자신이 개발하는 기술을 이미 다른 이가 특허 출원을 했다면 재빨리 방향을 틀 수 있습니다.

셋째, 특허제도는 신속한 사업 추진을 가능하게 합니다. 특허제도가 없었다면 발명가는 자신의 발명을 숨긴 채 사업을 추진해야 할 것입니다. 그러려면 비용이 많이 들 수밖에 없습니다. 산업스파이를 막기 위해 공장을 지키는 사람을 배치해야 하며, 기술자를 채용할 때도 신중해야 합니다. 또한 새로운 발명품에 투자하려는 사람을 찾기도 힘들죠. 만약 투자자가 기술만 빼내 가면 이 발명가는 큰 손실을 볼 수 있기 때문입니다. 이와 달리 특허권이 보장되어 있다면, 시간과 비용을 낭비할 필요 없이 신속하게 사업을 추진할 수 있고, 남에게 특허 사용료를 받을 수도 있습니다.

주식회사 이야기

북한과 한국의 차이를 가장 잘 보여주는 사례로는 어떤 게 있을까요? 소득 수준부터 생활방식까지 차이는 많겠지만, 가장 큰 차이는 주식시장의 유무일 것입니다. 북한에는 아예 주식회사가 없고, 주식을 거래하는 시장도 공식적으로 존재하지 않습니다. 반면 한국에서는 삼성전자나 LG생활건강 같은 거대 기업의 주식이 거래소에 상장되어 자유롭게 거래됩니다.

그렇다면 한국거래소에서 매일 매매되는 주식의 정체가 궁금해집니다. 여기서 주식이란 주식회사의 지분을 뜻합니다. 사업을 시작할 때 주주 두 명이 각각 5,000만 원을 투자해 자본금 1억 원짜리 주식회사를 만든다면, 주주 각각의 지분율은 50%라고 할 수 있습니다. 그리고 사업에 성공하면 보유한 지분에 해당하는 배당을 받을 수 있으며, 또 누군가가 이 회사를 인수하겠다고 나서면 지분 가치에 따라 큰 돈을 받고 팔 수도 있습니다. 혹시라도 사업에 실패한 경우에는 투자한 돈만 손실을 보면 되는, 이른바 '유한책임有限責任'을 기본으로 하죠. 이런 식으로 운영되는 주식회사는 현대사회의 지배적인 사업 형태로, 1602년에 네덜란드에서 처음으로 등장했습니다. 바로 '동인도회사VOC'입니다.

주식회사가 만들어지기 전에는 사업을 시작할 때 '인생을 거는 수준의 결의'가 필요했습니다. 일이 안 풀려 망하게 되면 사업으로 생긴 부채를 죽을 때까지 갚아야 했기 때문이죠. 이 전통은 굉장히 오래되었는데, 고대 사회에서 채무불이행은 매우 가혹하게 다뤄졌습니다. 예를 들어 로마에서는 아무리 작은 채무라도 이행하지 않으면 채무자의 모든 재산을 몰수해 경매에 부쳤습니다. 이런 관행은 19세기까지 이어졌다고 해요.[1] 따라서 사업은 아무나 할 수 없었으며, 사업 아이디어가 있더라도 실행에 옮기기는 대단히 힘들었습니다.

그러나 사회가 발전하고 복잡해지면서 사업의 실패로 한

개인이 죽을 때까지 빚을 갚아야 한다는 것은 너무 가혹하고 창업에 걸림돌이 된다는 인식이 조금씩 퍼지기 시작했습니다. 특히 결정적인 계기는 15세기 말에 있었던 콜럼버스의 아메리카 대륙 발견과 바스코 다 가마의 희망봉 항로 개척이었습니다. 이때를 역사학계에서는 '대항해시대'라고 부르죠.

동인도회사는 어떻게
설립되었을까?

동인도회사의 성공 비결

대서양이나 인도양처럼 큰 바다로 나가 장기간 항해하는 일은 대단히 위험했기 때문에 북해와 발트해를 주름잡던 네덜란드 뱃사람도 감히 도전할 엄두를 내지 못했습니다. 그런데 한 가지 돌파구가 열렸으니, 그것은 바로 포르투갈 항해 정보의 유출이었습니다.[2]

얀 하위헌 판 린스호턴이라는 사람이 포르투갈이 지배하는 인도의 항구 고아에서 5년 넘게 체류하며 습득한 귀한 정보를 책으로 정리해서 출간한 것입니다. 1595년에 네덜란드에서 출간된 《이티네라리오》는 연안 항해에 필요한 해안선의 모습부터 포르투갈의 요새 위치까지 주요 정보를 수록해 네덜란드인들 사이에서 일대 센세이션을 불러일으켰습니다. '우리도 대항해시대에 동참할 수 있다'는 자신감이 높아지는 가운데, 1602년에 동인도회사가 설립되었습니다. 긴 항해를 버틸 수 있는 튼튼한 선박을 대량으로 건조하고 포르투갈 세력에 맞서 현지에 요새를 만들려면 막대한 자금을 조달해야 했는데, 주식회사 이외에 다른 대안을 찾을 수 없었던 것입니다.

동인도회사에 투자하려는 주주를 1,000명 넘게 모을 수 있었던 가장 직접적인 요인은 동인도회사가 벌어들인 돈을 투자자에게 배당하리라는 신뢰가 형성되어 있었다는 점입니다. 당시 네덜란드에서는 봉건적인 귀족 세력의 힘이 약했습니다. 네덜란드 육지 대부분이 바다나 늪지를 개간한 땅이다 보니 교회도 귀족도 토지의 소유권을 선뜻 주장하기 어려운 상황이었던 것입니다. 그 덕분에 네덜란드 사람들은 다른 유럽인들과 달리 직접 개척하거나 간척한 땅을 자유롭게 사고팔았습니다. 귀족이 소유한 땅은 지금의 네덜란드와 벨기에에 해당하는 홀란트주 기준으로 단 5%에 불과했다고 합니다.[3]

그뿐만 아니라 16세기 말부터 이어진 기나긴 네덜란드 독립전쟁(1568~1648년)도 동인도회사의 설립에 지대한 영향

1726년 암스테르담의 동인도회사 조선소.[4]

을 미쳤습니다. 당시 네덜란드를 통치하던 스페인이 종교의 자유를 억압하고 막대한 세금을 부과한 데 반발하여 네덜란드인들은 독립전쟁을 시작했습니다. 이에 따라 막대한 전쟁 비용을 충당할 곳이 필요했죠. 네덜란드는 스페인처럼 매장량이 풍부한 금광이 없었기 때문에 네덜란드 국민들은 동인도회사에 투자함으로써 무역으로 전쟁 비용을 조달하기로 했던 것입니다.

동인도회사가 큰 성공을 거둔 것은 이렇게 막대한 자금을 조달해 강력한 함대를 편성할 수 있었기 때문입니다. 그런데 성공 비결이 한 가지 더 있습니다. 바로 동인도회사를 이끌던 리더들의 추진력입니다.

시장경제는 애덤 스미스가 언급했던 '보이지 않는 손'에 의해 좌우됩니다. 예를 들어 자동차 가격이 상승하면 마진이 많이 남는 시장을 노리고 새로운 업체들이 자동차 업계에 뛰어들거나 혹은 자동차를 수입해 생산량이 증가하고, 반면에 자동차 가격이 하락하면 수익성이 악화한 기업이 퇴출되어 공급량이 줄어들곤 합니다. 물론 소비자도 가격에 반응합니다. 자동차 가격이 올라가면 다른 재화를 사는 방향으로 수요가 이동하며, 반대로 가격이 내려가면 수요가 늘어나 정부가 개입하지 않아도 시장은 안정을 되찾습니다.

그런데 주식회사의 작동 방식은 다릅니다. 동인도회사의 쿤 총독 같은 카리스마 넘치는 경영자가 지시하면, 조직이 이를 수행하는 식으로 작동되죠.* 이 조직의 작동 방식은 눈

---

* 동인도회사가 임명한 네 번째 동인도제도 총독인 얀 피터르스존 쿤은 "우리는 무역 없이 전쟁할 수 없고 전쟁 없이 무역할 수 없다"며, 지금의 인도네시아 동쪽인 이른바 향신료제도(Spice Islands)를 무력으로 장악하고 원주민을 학살했다.

에 보이기에, '보이지 않는 손'에 대비하여 '보이는 손'이라고 표현합니다.[5] 시장의 가격 기능을 통한 자원 배분에 비해, 기업의 지시-명령 구조는 종종 더 효율적으로 운영되곤 합니다.

그런데 앞의 자동차 가격 사례에서는 값이 올라가면 생산이 즉각 늘어날 것으로 예상했지만, 현실은 그렇지 않습니다. 2020년에 발생한 코로나19 팬데믹의 여파로 2년 넘게 자동차 가격이 줄곧 상승한 것이 대표적인 사례가 되겠죠. 이런 일이 벌어진 이유는 자동차 공장 같은 거대 설비를 갖추고 차를 생산하는 데는 시간과 비용이 많이 들기 때문일 것입니다. 게다가 각 시장을 장악하고 있는 독점적인 기업에 맞서는 것이 대단히 어려운 탓도 있겠죠.

따라서 시장이 비효율적으로 움직이는 시기이거나 정보가 충분하지 않은 시기에는 기업의 지시-명령 구조가 훨씬 더 효율적이라고 할 수 있습니다. 그리고 주식회사의 또 다른 장점은 바로 많은 인력을 운용하는 대형 조직을 운영하는 데 효과적이라는 점입니다. 물론 이렇게 되려면 한 가지 혁신이 동반되어야 합니다.

주식회사가
산업혁명을 주도했다!

주식회사 이야기 107

미국의 철도 붐은 주식회사 덕분이다

1602년에 설립된 동인도회사가 큰 성공을 거두었음에도 불구하고 그 뒤로도 200년이 넘게 유럽에서는 이렇다 할 성공을 거둔 주식회사가 없었습니다.[6] 그러던 중 1830년대에 일어난 미국의 철도 건설 붐은 주식회사의 장점을 재발견하는 계기가 되었습니다.

거대한 아메리카 대륙을 가로지르는 철도를 건설한다면 큰돈을 벌 수 있다는 것은 누구나 알지만, 건설 사업에 막대한 자금이 필요하다는 점이 문제였습니다. 철도가 건설되던 초기에는 부유한 개인이 회사를 차려서 사업하는 게 가능했지만 내륙으로 철도가 뻗어나가면서 혼자 힘으로는 불가능하다는 게 분명해졌죠. 예를 들어 1815년부터 1860년 사이 운하 건설 비용은 1억 8,800만 달러에 그친 반면 철도 회사가 발행한 채권이나 주식에 투자된 돈은 무려 11억 달러를 넘어섰습니다.[7]

철도를 촘촘하게 놓기 위해 막대한 자금이 필요했을 뿐만 아니라, 관리의 어려움이 커진 것도 주식회사 제도를 발전시키는 요인이 되었습니다. 예를 들어 150마일에 이르는 웨스턴 철도는 3구간으로 나뉘어 운영되었는데, 기차 세 대가 왕복으로 다니는 동안 하루에도 12회씩 기차끼리 서로 마주치게 되었죠. 그러다 단선 철도 위를 달리던 기차가 신호를 받지 못하고 산악 지형을 통과하다가 대형 참사가 벌어지고 말았습니다. 1841년 10월 5일에 승객을 실은 두 대의 기차가 정면충돌해 차장과 승객 한 명이 죽고 17명이 다친 것입니다.[8]

복잡한 열차 시간표 말고도 문제는 또 있었습니다. 건설 회사들이 영세하다 보니 각자의 규격에 따라 철도를 놓았던 것입니다. 선로 폭이 넓은 광궤부터 선로 폭이 좁은 협궤까지 철도의 궤간이 다양하게 건설됨에 따라, 한 철도에서 궤간이 다른 철도로 화물을 옮기는 데 시간과 비용이 많이 소모되었습니다.* 따라서 철도 궤간을 통일하고 또 중복되는 노선을 통합할 대형 철도 회사 출현에 대한 요구가 높아졌습니다. 간단하게 말해, A사와 B사를 통합한 새로운 C사를 만들어내는 것이 이익이 되었습니다.

막대한 자금을 계속 투입하고, 복잡한 선로를 통합 관리하며, 제각각인 철도 규격을 통일하려면 전문적인 관리 조직이 필요했습니다. 제일 먼저 만들어진 조직은 철도 건설 부서로, 예전에는 하루 일당을 받고 일하던 전문가들이 정기적인 급여를 받고 C사를 위해 철도와 다리를 건설하게 되었습니다. 전문적으로 철도를 부설하니 당연히 C사의 기술 수준은 올라가고, 건설 비용도 절감되었습니다.

재무 부서는 두 번째로 생겼는데, 이 부서는 경쟁력을 잃은 철도 회사를 사들이고, 또 새로운 철도를 놓기 위해 자금을 조달하고 관리하는 업무를 담당했습니다. 세 번째로 생긴 부서는 열차 시간표를 짜고 기차를 정해진 시간에 운행하도록 지시하고 감독하는 운행 감독 부서였습니다. 이 부서는 철도 회사 이사회 멤버에 포함될 정도로 중요하게 여

---

* 궤간(軌間, rail gauge)은 선로의 폭이 되는 두 쇠줄 사이의 너비를 뜻한다. 전 세계 철도의 60%는 1,435mm의 표준궤로 되어 있으며, 표준궤보다 넓은 궤간을 광궤, 표준궤보다 좁은 궤간을 협궤라고 한다.

겨졌습니다.

이런 식의 기업 구조는 군대를 모방한 것입니다. 군대는 '사단-연대-대대-중대-소대'로 이어지는 지시-명령 체계를 갖추고 있으며, 사단이나 연대에는 군수 및 작전 업무를 도와주는 참모 부서가 있습니다. 철도 회사 역시 마찬가지로, 각 기차역을 관리하고 보수하는 인력 외에 재무, 철도 건설, 운행 관리 등 참모 조직을 마련함으로써 효율성을 추구했죠. 그리고 이와 같은 조직 재편은 대단히 놀라운 성과를 거두었습니다. 1838년부터 1910년 사이에 미국의 철도 산업은 연평균 11.5%씩 성장했는데, 같은 기간 미국의 경제성장률은 이 수치의 1/3에도 미치지 못할 정도였습니다.[9] 그와 동시에 화물 운송 비용은 1849년 수준에서 80% 이상, 승객 운임은 50% 하락했다고 합니다.

철도 회사뿐만 아니라 에디슨을 비롯한 여러 발명가도 주식회사가 없었다면 빛을 보지 못했을 것입니다.[10] 에디슨은 1878년에 아크등을 처음 접한 뒤 이를 개선할 수 있으리라 생각해 실험에 몰두했습니다. 그러나 백열전구를 개발하는 데는 비용이 많이 들었죠. 전축을 발명하는 등 발명가로서 명성을 얻고 있었지만, 백열전구의 개발과 보급에 필요한

1,093건의 발명 특허를 취득한 토머스 에디슨(1847~1931년).[11]

돈을 충당하기에는 역부족이었습니다.

따라서 에디슨은 1878년 10월 16일에 '에디슨 전기 조명 회사'를 설립하기에 이릅니다. 참고로 에디슨 전기 조명회사는 이후에 제너럴 일렉트릭으로 이름을 바꾸는데, 이 회사는 한때 세계 시가총액 1위를 자랑하는 거대 회사로 성장했습니다.[12] 여기서 시가총액market value이란 주식 수에 주가를 곱한 것으로, 회사가 주식시장에서 평가받은 가치라고 할 수 있습니다.

에디슨 전기 조명회사의 주식은 엄청난 인기를 끌었고,

에디슨은 백열전구를 개발하고 발전소를 건설하는 데 충분한 자금을 구할 수 있었습니다. 사람들은 새 발명품이 큰돈을 벌어줄 것이라는 기대를 품고 에디슨 전기 조명회사에 투자한 것입니다. 그리고 4년이 흐른 1882년 9월, 새롭게 설립된 발전소가 가동되며 뉴욕 맨해튼섬의 남쪽 지역에 불이 들어왔습니다. 그 이후로 우리는 밤에도 대낮처럼 밝은 조명 아래에서 공부하거나 다양한 취미를 즐길 수 있게 되었죠.

에디슨 전기 조명회사에 투자한 주주들은 큰 성과를 얻었다고 이야기했는데, 이제 주식이 어떤 식으로 거래되는지에 대해 살펴보겠습니다. 1800년까지 미국에는 295개의 법인 기업이 설립되었는데, 모든 법인 기업이 주식회사는 아니었습니다.[13] 개인이 소유한 회사가 많았고, 주식회사에 대한 평판도 그리 좋지 않았죠. 그러나 철도 회사가 합병을 통해 점점 더 큰 설비와 인력을 고용하면서부터 주식회사로 전환하는 경우가 잦아졌습니다. 철도 회사가 대형 사고를 일으켜 망하더라도 자신이 투자한 지분만 손해 보면 된다는 점이 큰 이점으로 작용했죠.

주식회사가 늘어나면서 주식을 거래하고 싶어 하는 이

들은 많아졌지만, 실제 거래되는 종목은 많지 않았습니다. 1815년 당시 인기 있던 뉴욕의 신문 〈커머셜 애드버타이저Commercial Advertiser〉가 게재한 전체 상장 주식 목록 따르면, 전체 종목은 25개에 불과했습니다. 여기서 상장 주식이란 주식을 매매하는 곳, 즉 증권거래소에서 거래가 가능한 주식을 의미합니다. 요즘은 엄격한 조건을 거쳐서 상장하지만, 예전에는 뉴욕의 월가 인근 플라타너스 아래에서 거래를 원하는 사람들이 만나 흥정을 하고, 합의가 되면 근처의 커피숍으로 이동해서 거래를 마무리 지었다고 합니다.

이런 식의 거래는 '물물교환'이나 다름없습니다. 원하는 거래자를 찾지 못하면 빈손으로 돌아와야 했고, 또 상대가 준 주식 증서가 진짜인지 확인하는 데도 시간이 많이 걸렸죠. 이 문제를 해결한 것이 바로 증권거래소입니다. 뉴욕 증권거래소는 1792년에 설립되기는 했지만, 현재와 같은 방식으로 거래하기 시작한 것은 남북전쟁이 마무리 단계에 이른 1864년의 일입니다. 이때 뉴욕 증권거래소의 구성원 354명은 신기술을 활용해 끊김 없는 거래 시스템을 도입하는 한편, 주식을 매매하고 이틀 뒤에 현금이 지급되는 현대적인 주식시장을 만드는 데 성공했습니다.

1918년 티커 테이프에 기록된 거래 내역을 증권사 시세판에 기록하는 모습.[14]

특히 토머스 에디슨의 새로운 발명품 '티커 테이프'가 주식 거래에 혁신을 가져왔습니다. 티커 테이프ticker tape란 증권거래소에서 체결된 매매 내역을 분당 900자 분량으로 인쇄해주는 1인치 두께의 종이테이프를 뜻합니다.[15] 티커에 접근할 수 있는 사람이라면 누구나 1분마다 기록되는 종목별 주가를 알 수 있었습니다. 에디슨이 티커 테이프를 발명하기 전에는 주식거래소에서 하루 종일 대기하고 있지 않는 한 주가의 움직임을 알 수 없었지만, 티커 테이프가 설치된 이후로 투자자들은 월가의 투자자들과 마찬가지로 관심 있는 종목의 주가 변동 상황을 손쉽게 확인할 수 있었습니다.

월가의 큰 곰, 제시 리버모어 이야기

공매도로 흥하고 공매도로 망하다

티커 테이프가 출현하며 누구나 쉽게 주식을 거래할 수 있는 길이 열렸습니다. 그러나 이는 반대로 투기꾼에게도 큰 기회가 열린 셈이었습니다. 1929년 대공황을 일으킨 주역 가운데 한 명인 제시 리버모어가 대표적입니다.[16]

제시 리버모어는 1877년에 가난한 농부의 아들로 태어났지만, 14세 때 보스턴의 한 증권회사 시세판 기록원으로 일하다 주식 투자의 길을 걷기 시작했습니다. 당시 단돈 5달러로 주식 매매를 시작했는데, 1년 뒤 회사에서 받는 급료보다 투자수익이 많아지자 아예 직장을 그만두고 전업 투자자로 나섰습니다. 그는 특히 1906년 샌프란시스코 대지진을 전후한 주식시장의 폭락장에서 공매도short stock selling

로 큰 자산을 쌓은 뒤, 1929년 대공황 당시 주식 매도 공세를 주도하며 '월가의 큰 곰Wall Street Big Bear'이라는 별명을 얻었습니다.

여기서 공매도란 주식을 미리 빌려서 파는 거래 행위를 말합니다. 예를 들어 100달러에 거래되는 제너럴 일렉트릭 주식을 1만 주 빌린 뒤 주식시장에 매도하는 것을 뜻합니다. 만일 주가가 50달러로 떨어진다면, 이를 매입한 뒤 빌린 주식을 갚음으로써 큰 이익을 얻을 수 있죠. 100달러에 거래되는 주식을 1만 주 빌린 뒤 공매도하고 50달러에 매수해 빌린 주식을 갚았으니, 수익은 50만 달러(50달러×1만 주)가 되는 셈입니다.

대공황 때 공매도를 단행함으로써 제시 리버모어는 자산을 1억 달러 이상으로 불렸다고 합니다. 이를 현재 가치로 환산하면 원화로 무려 2조 원에 가까운 금액이니 지금까지 알려진 가장 성공한 개인 투자자라고 할 수 있습니다. 그러나 그는 1933년에 프랭클린 루스벨트가 미국 대통령으로 당선된 직후부터 시작된 강세장에 제대로 대응하지 못하며 큰 손실을 입었고, 결국 1940년 63세의 나이에 권총 자살로 생을 마감했다고 합니다.

제시 리버모어가 파산한 이유는 공매도의 위험 때문입니다. 앞의 사례와 같이, 제너럴 일렉트릭 주식을 1만 주 빌려 매도했다고 가정해보겠습니다. 위 사례에서는 주가가 100달러에서 50달러로 떨어지는 것을 살펴보았지만, 그 반대 상황도 벌어질 수 있습니다. 1933년부터 미국 주식시장은 강력한 상승장을 이어갔습니다. 이때 제너럴 일렉트릭 주가가 50달러에서 100달러로 상승했다면, 앞의 사례와는 반대로 50만 달러(50달러×1만 주)에 이르는 손실을 보게 될 것입니다.

티커 테이프는 투자자에게 놀라운 편의성을 제공했지만, 드라마틱한 제시 리버모어의 생애가 보여주듯 일확천금을 노리는 투자자도 늘어났습니다. 그러다 보니 주식시장의 변동성도 더욱 커졌죠. 이후 20세기 정보통신기술의 발전과 더불어 생겨난 홈 트레이딩 시스템HTS과 모바일 트레이딩 시스템MTS에서부터 최근 등장한 24시간 거래할 수 있는 암호화폐에 이르기까지 매매의 편의성은 크게 높아지고 있습니다. 그러나 주식시장은 예전보다 훨씬 불안정해지는 것 같습니다.

주식가격은
어떻게 움직일까?

기대되는 보상에 따라 주가가 달라진다

주식시장에서 수많은 거래가 이뤄지는 동력은 무엇일까요? 여러 요인이 있겠지만 저는 미래 이익에 대한 기대가 거래를 촉발시키는 가장 중요한 요인이 아닐까 생각합니다. 이익이 늘어날 때 주가가 상승하는 경향이 있고, 반대로 이익이 줄어들 때 주가가 하락하기 때문이죠. 물론 기업의 이익이 100% 주가를 설명하는 것은 아닙니다. 2002~2003년의 미국처럼 기업의 이익이 늘어나는데도 주식시장이 침체되는 경우가 종종 있습니다. 그러나 2003년을 전후해 미국 주식시장이 회복되었음을 감안하면, 이익이 늘어날 때 주식을 매입하는 게 나쁜 선택은 아니었을 것 같습니다.

그런데 한 가지 의문이 생깁니다. 기업 이익이 늘어나

면 왜 주가가 오를까요? 이익이 늘어난 기업이 주주들에게 보상할 것이라는 기대 때문일 것입니다. 에디슨 전기 조명회사의 사례에서 보듯, 기업들은 설립 초기에 돈을 벌기 쉽지 않습니다. 기술에도 자금을 많이 투자해야 하고, 값비싼 설비도 구입해야 하기 때문입니다. 그렇게 투자를 하고 나면 조금씩 수익이 늘어납니다. 직원들의 기술 수준이 높아지고, 힘들여 개발한 기술도 자리를 잡습니다. 이때부터 기업은 어려운 시기를 같이한 주주들에게 보상을 하기 시작합니다. 이러한 주주에 대한 보상이 얼마나 기대되는지에 따라 주식가격이 변동된다고 할 수 있습니다.

주주에 대한 보상은 크게 보아 두 가지가 있습니다. 첫 번째 보상은 배당금입니다. 기업이 돈을 벌면서 차츰 주주에게 지급하는 배당금이 늘어납니다. 예를 들어 설립 10년 차에는 1주당 500원의 배당금을 지급하다 15년 차에는 1,000원, 설립 20주년 기념일에는 2,000원을 배당할 수 있습니다. 이런 식으로 배당이 인상될 것이라고 가정하면, 이 회사의 가치는 미래에 지급될 배당금의 합계만큼 높아지지 않겠습니까? 반대로 배당금이 깎이거나 심지어 지급 중단될 것이라고 우려되는 기업의 주가는 하락할 가능성이 높아지겠죠.

물론 주주에 대한 보상은 배당금만으로 이루어지지 않습니다. 기업 인수합병에 따른 이익도 주주에게 돌아갑니다. 어떤 기업이 미래 전망이 밝은 기술을 보유하고 있지만, 지금 당장은 돈을 벌지 못한다고 가정해봅시다 이때는 경쟁 기업들이 이 회사의 주식을 비싼 값을 지불하고 매입할 수 있습니다. 구글의 유튜브 인수를 대표적인 예로 들 것입니다.[17] 유튜브는 개인이나 기업이 무료로 동영상을 인터넷에 올릴 수 있는 플랫폼을 만들었지만, 동영상 파일의 용량이 워낙 큰 탓에 대형 서버를 구축하는 데 막대한 비용을 투자하면서 대규모 적자를 기록했죠. 따라서 유튜브의 창업자들은 대규모 투자를 감당할 수 있는 거대 기업인 구글에 자신의 회사 지분을 매각하기로 결정했던 것입니다.

안타깝게도 한국의 기업은 배당이 세계에서 가장 낮은 수준인 데다, 기업 인수합병도 매우 드물게 이뤄지기 때문에 기업의 이익이 늘어나도 꼭 주가가 상승한다는 보장이 없습니다. 한국 주식시장은 한번 상승세를 탈 때는 세계에서 가장 뛰어난 성과를 올리지만, 하락세에 빠지면 걷잡을 수 없이 무너지는 이유가 이런 주식시장의 환경 때문이라는 생각이 듭니다.[18] 그러니 주식 투자를 하려면 한국 주식뿐만 아니라 세계의 우량주로 분산투자하기를 권합니다.

스타트업을 키우는
스톡옵션

회사의 성공이 개인의 성공으로 이어지다

유튜브의 사례에서 보듯, 잠재력이 있는 기업에 투자한 사람들은 배당금 지급 혹은 기업 인수합병을 통해 큰 성과를 거둘 수 있습니다. 이런 경험 덕분에 지금도 스타트업, 즉 기업을 설립해 새로운 분야를 개척하기 위해 뛰어드는 일이 끊이지 않습니다. 스타트업은 보유한 현금이 얼마 없어도 창창한 미래가 예상되기에 벤처캐피털을 비롯한 다양한 투자자로부터 자금을 끌어올 수 있죠. 그리고 직원들에게 높은 임금을 지급하는 대신 스톡옵션을 지급함으로써 회사의 성공이 곧 개인의 성공이 되는 구조를 만들곤 합니다.

여기서 스톡옵션이란, 특정 가격으로 주식을 매입할 수 있는 권리를 뜻합니다. 예를 들어 신작 게임을 만들고 있는 스타트업 B사가 게임 개발자에게 주당 5,000원에 스톡옵션 1만 주를 지급했는데, B사의 주식이 주당 5만 원에 다른 기업에 매각되는 경우를 생각해보겠습니다. 이 게임 개발자는 5,000만 원(5,000원×1만 주)에 해당하는 주식을 보유하고 있었는데, 기업 인수합병 과정에서 그의 주식 가치가 5억 원(5만 원×1만 주)으로 뛰어오른 셈입니다. 이처럼 스톡옵션을 지급함으로써 스타트업은 뛰어난 인재를 채용할 수 있어 좋고, 직원은 스톡옵션 대박을 꿈꿀 수 있어 '누이 좋고 매부 좋은' 셈이 됩니다.

물론 모든 스타트업이 성공하는 것은 아닙니다. 그러나 세계적인 기술 강국에서는 대부분 스타트업이 활성화된 것을 발견할 수 있죠. 지금 세계 주식시장에서 시가총액이 큰 기업의 순위를 따져보더라도 1위 애플AAPL, 2위 마이크로소프트MSFT, 3위 알파벳GOOGL 모두가 스타트업에서 시작해 성장해왔음을 알 수 있습니다.

주식시장에서 주식을 사고파는 주체는 매우 다양합니다. 핵심 참가자는 기업입니다. 기업은 주식시장에서 가장 중요한 세력으로, 미래가 창창한 기업의 주식을 사들이거나 혹은 미래가 밝지 않다고 생각되는 자회사를 매각하기도 합니다. 물론 미래가 창창한 기업을 매수할 때는 시장에서 거래되는 시세보다 높은 가격을 지불해야 할 것이며, 반대로 수익성이 높지 않은 자회사를 매각할 때는 헐값에 팔아야 하겠죠.

주식시장에 참가하는 또 다른 세력은 연기금(연금과 기금)으로, 국민연금이나 학교기금 등이 대표적입니다. 연기금은 주식시장에서 일종의 '방파제' 역할을 합니다. 연기금은 수

십 년 뒤를 대비해 저축한 돈을 운용할 목적으로 설립되었기 때문에 주식가격이 빠질 때마다 매수하는 역할을 합니다. 예를 들어 2008년 글로벌 금융위기나 2020년 코로나19 팬데믹으로 주식시장이 어려울 때 연기금이 적극적으로 주식을 매입했죠.

연기금에 못지않게 중요한 역할을 하는 세력은 외국인 투자자입니다. 이들은 한국 기업의 주식이 매력적인 가격으로 떨어졌다고 판단될 때나 한국 경제가 가파르게 성장한다고 생각될 때 매수에 나섭니다. 반면 1997년 IMF 위기처럼 한국 경제에 심각한 문제가 발생해 자신들이 투자한 주식가격이 폭락할 것이라고 예상될 때는 냉정하게 주식을 팔고 떠납니다. 외국인 투자자들은 한국 경제에 이렇다 할 애정이 있는 게 아니라, 순수하게 수익을 낼 목적으로 투자를 시작했기 때문입니다.

주식시장에는 개인 투자자도 참가합니다. 개인 투자자는 보유한 돈은 상대적으로 적지만, 숫자가 많기에 시장의 분위기를 좌우합니다. 최근 자본시장연구원이 조사한 개인 투자자의 투자 성향 연구 결과를 보면, 크게 세 가지 특징을 발견할 수 있습니다.[19] 첫 번째 특징은 중·소형주 및 특정 산업 주식에 대한 보유 비율이 높다는 것입니다. 참고로 시가총액 기준으로 1~100위는 대형주, 101~300위는 중형주, 그 외는 소형주로 분류합니다.[20] 삼성전자나 현대차처럼 누구나 아는 기업은 대형주로 분류되죠. 또 특정 산업이란 BBIG로 통칭하는 성장 산업을 뜻합니다. BBIG는 배터리battery, 바이오bio, 인터넷internet, 게임game 업종의 앞 글자를 따서 만든 조어입니다. BBIG에는 2020년 코로나19 팬데믹 당시 주가 상승률이 가장 높았던 종목이 다수 포함되어 있었죠.

두 번째 특징은 매매가 대단히 잦다는 것입니다. 코로나19 팬데믹 기간에 새로 주식시장에 참가한 개인 투자자의 하루 거래 회전율은 6.8%에 이르렀는데, 이는 자신이 투자한 돈의 6.8%를 매일 매매했다는 뜻입니다. 다시 말해 평균 14일 남짓 주식을 보유한 후 판 셈입니다. 특히 20대 투자자와 1,000만 원 미만의 소액 투자자는 각각 5.9일과 3.4일 정도 주식을 보유했다고 합니다. 이런 매매가 나타나는 이유는 단톡방이나 유튜브 등 다양한 곳에서 워낙 많은 정보가 쏟아지다 보니 개인 투자자의 경우 정보에 휩쓸려 이리저리 몰려다니기도 하고, 또 주식을 사고파는 일에 대한 의사

결정이 신중하지 못한 탓인 것 같습니다.[21]

　세 번째 특징은 낮은 수익률입니다. 2020년 코로나19 팬데믹 당시 주식가격이 급등했음에도 불구하고 신규 투자자의 60%가량이 손실을 입었다고 합니다. 투자 성과, 매매 비용을 감안한 실질 수익과 종합주가지수(코스피지수)를 비교한 결과, 2020년 한 해 동안 기존 투자자는 대체로 종합주가지수와 비슷한 수익을 거두었지만 신규 투자자는 실질 수익이 마이너스였습니다.[22]

이와 같이 개인 투자자는 대형주보다는 중·소형주를 선호하며, 매매가 매우 잦지만 투자 성과는 저조합니다. 그럼 어떻게 해야 이 문제를 해결할 수 있을까요? 제가 볼 때, 개인 투자자는 자신이 어떤 스타일을 선호하는지부터 정할 필요가 있습니다. 주식시장에는 크게 세 가지 유형의 학파가 있는데, 각기 장단점이 있습니다.

첫 번째는 모멘텀 학파입니다. 모멘텀momentum이란, 가격이 어떤 방향을 정하면 계속 그 방향으로 움직이려는 특성을 뜻합니다. 이 학파의 주장은 다음의 인용구에 잘 나타납니다.

큰돈을 벌려면 개별적인 등락이 아니라 시장 전체의 추세를 판단해야 한다. (…) 너무 올랐다는 이유로 못 살 것도 없고, 너무 내렸다는 이유로 못 팔 것도 없다.[23]

이 말을 한 사람은 월가의 큰 곰으로 불리는 제시 리버모어입니다. 제시 리버모어는 "강세장인지 약세장인지 이야기하는 것을 주저하지 말라"고 조언합니다. 여기서 강세장이란 주식가격이 계속 상승하고 주식 거래량이 늘어나는 시기를 뜻하며, 약세장이란 주식가격이 하락세로 돌아서고 이에 상심한 투자자들이 아예 주식시장을 떠나면서 거래량도 줄어드는 시기를 뜻합니다. 가장 인기 있는 모멘텀 전략은 '지난 1년간 주가 상위 종목에 투자하는 것'입니다. 즉 상장 종목을 상승률 순서대로 1등에서 꼴찌까지 늘어놓고, 최상위 종목에만 집중적으로 투자하는 전략입니다. 이런 단순한 방식으로도 이익을 낼 수 있나 싶겠지만, 제가 직접 테스트한 결과 놀라운 성과를 확인할 수 있었습니다.[24] 그러나 이 전략도 한 가지 문제가 있는데, 그것은 바로 시장의 추세가 강세장에서 약세장으로 돌아설 때 대응하기 힘들다는 것입니다. 코로나19 팬데믹으로 인해 2020년 3월처럼 주식시장이 급락하는 경우 지난 1년 동안의 성과가 아무리 좋은 종목이라고 해도 주가가 빠지지 않을 도리가 없으니까 말입니다. 따라서 모멘텀 전략은 원칙을 잘 지키는 자제력 있는 투자자에게 적합한 방법이라고 생각됩니다.

두 번째는 주식시장에서 인기가 있고, 또 큰 성과를 거둔 투자자를 많이 거느린 보텀업 학파입니다. 보텀업bottom-up이란, 기업의 사업 내용을 분석한 다음 주가가 내재가치에 비해 저평가되었을 때 주식을 매입하는 전략입니다. 여기서 내재가치는 미래에 기업이 벌어들일 이익의 현재 가치라고 할 수 있습니다. 제 주변에도 보텀업 전략을 꾸준히 밀고 나가는 분이 많은데, 매우 탁월한 성과를 거두는 것을 볼 수 있습니다. 주식 투자로 세계적인 부자가 된 워런 버핏은 다음과 같이 투자할 종목을 고르는 팁을 주었습니다.

내가 찾는 기업은 ① 우리가 그 사업을 이해하고, ② 장기 경제성이 좋으며, ③ 경영진이 유능하고 믿을 수 있고, ④ 인수 가격이 합리적인 기업입니다. 우리는 기업을 통째로 인수하고자 하며, 경영진이 우리 동업자가 될 때는 지분의 80% 이상을 인수하려고 합니다. 그러나 위대한 기업의 경영권을 인수할 수 없을 때는 주식시장에서 위대한 기업의 지분을 소량 사들이는 것으로도 만족합니다. 모조 다이아몬드를 통째로 소유하는 것보다는 최상급 다이아몬드의 일부를 소유하는 편이 낫기 때문입니다.

진정으로 위대한 기업이 되려면 탁월한 수익률을 지켜주는 항구적 '해자垓子'를 보유해야 합니다. 어떤 기업이 높은 수익을 내면 자본주의 역학에 따라 경쟁자들이 그 성城을 끊임없이 공격하기 때문입니다. 따라서 탁월한 실적을 유지하려면 낮은 생산원가나 강력한 세계적 브랜드를 보유한 기업처럼 가공할 만한 진입 장벽을 갖추어야 합니다.[25]

참 멋진 이야기이지만, 보텀업 투자의 어려움이 잘 드러나는 대목이기도 합니다. 이익이 많이 나는데도 주가가 낮은 수준에서 거래된다는 것은 시장의 주도적인 흐름에서 소외되었거나, 혹은 경영진이 심각한 잘못을 저지르고 있을 수도 있기 때문입니다. 따라서 주가가 싸다고 덜컥 매수하는 것은 진정한 의미의 보텀업 투자가 아닙니다. 기업의 실적부터 경영진의 정직성, 대주주의 과거 등을 면밀하게 점검해야 합니다. 개인 투자자들이 보텀업 투자를 섣불리 시작하지 못하거나, 혹은 보텀업 투자로 큰 성과를 거두지 못하는 이유가 여기에 있다고 생각됩니다.

세 번째는 톱다운 학파입니다. 톱다운top-down이란, 경제에 대한 분석을 기반으로 주식이나 채권 등 투자자산을 선택하고, 그중 중점적으로 투자해야 할 산업을 다시 선택하는 식의 투자 기법을 말합니다. 톱다운 학파는 모멘텀 학파보다는 공부할 게 많고, 보텀업 학파보다는 공부할 게 적습니다. 이 전략을 사용하는 이들은 주로 한국의 수출에 주목합니다. 아래의 그래프에서 보는 것처럼, 수출이 잘될 때 주가가 상승하는 경향이 뚜렷하기 때문이죠. 물론 수출의 방향을 예측하는 것은 쉬운 일이 아니기에, 경기선행지수나

종합주가지수 상승률과 수출 증가율의 관계.[26]

소매판매와 같은 중요한 경제 지표를 분석하고 해석할 능력을 갖추어야 합니다.

이와 같은 주식시장의 세 학파는 모두 장단점이 있어서, 누가 더 낫다고 단정 짓기 어렵습니다. 투자의 난이도를 비교하면 보텀업 학파, 톱다운 학파, 모멘텀 학파의 순서로 어렵다고 생각됩니다. 모멘텀 학파의 전략은 따라하기 쉬운 반면 보텀업 투자는 공부할 게 참으로 많으니까요. 그러나 투자의 성과 측면에서는 보텀업 학파와 톱다운 학파가 상당한 성과를 거둔 바 있습니다.

자신이 어떤 성향의 투자자인지, 나아가서 자신에게 어떤 투자가 적합한지를 진지하게 고민한다면 투자로 어려움을 겪는 일이 조금은 줄어들지 않을까 합니다. '더 읽어보기'에 실린 세 종류의 주식 투자 학파에 대한 책을 읽어보는 것도 좋은 선택이 될 것 같습니다.

물가와 금리, 경기는
어떤 영향을 주고받는가?

물가가 상승하는 요인은 어떤 것이 있나요?

물가가 지속적으로 높아지는 것을 인플레이션이라고 합니다. 인플레이션을 일으키는 가장 중요한 요인은 통화 공급의 확대입니다. 금리가 인하되면서 돈이 넉넉하게 풀리면 사람들의 씀씀이가 늘어나고, 경기가 좋아져 제품 가격이 인상될 것이기 때문입니다.

그런데 통화 공급의 변화 말고도 물가 변동을 유발하는 요인이 여러 가지 있습니다. 예를 들어 석유 등 핵심적인 원자재 가격이 상승하면 경제 전반에 걸쳐 강력한 인플레이션이 발생합니다. 왜냐하면 현대인의 삶에서 에너지나 식료품 등 원자재는 필수 불가결한 요소이기 때문입니다. 자동차를 운전하고 보일러의 온도를 올리며 온라인 쇼핑몰에서 쌀을 주문하는 일 모두 원자재 가격 변화에 영향을 받죠. 따라서 1970년대나 2003년, 그리고 2022년처럼 원자재 생산국이 전쟁에 휩싸일 때마다 강력한 인플레이션이 발생하곤 합니다.

전쟁뿐만 아니라 생산 차질도 인플레이션을 유발합니다. 2020년 코로나19 팬데믹 이후 세계의 수많은 공장이 가동을 멈추면서 강력한 인플레이션이 발생했습니다. 자동차와 같은 제품의 생산에는 수천, 수만 개의 부품이 사용되는데, 팬데믹으로 인한 경제 봉쇄 조치로 공장 가동이 중단되어 전 세계 기업이 연쇄적인 타격을 받았던 것입니다. 물론 팬데믹뿐만 아니라 파업이나 기업의 파산 사태도 생산 차질을 불러 인플레이션을 유발할 수 있습니다.

왜 화폐 공급이 줄어들면 경기가 나빠지나요?

인플레이션의 요인이기도 한 화폐 공급과 경기의 관계를 이해하기 위해, 한 탁아조합의 사례를 소개할까 합니다.[27]

1970년대에 미국 국회의사당에서 일하던 스위니 씨는 비숫한 나이대의 부부 150명과 탁아조합을 결성했다. 이 탁아조합은 다른 품앗이 조직들과 마찬가지로 쿠폰을 발행했다. 쿠폰 한 장으로 한 시간 동안 아이를 맡길 수 있었으며, 대신 아이를 돌보는 부부는 아이를 맡기는 부부로부터 시간만큼 쿠폰을 수령했다.

합리적인 방법이라 할 수 있습니다. 저만 하더라도 아이들을 키울 때 부모님 등 다른 사람에게 아이를 맡기지 않고서는 부부 동반 외출이 불가능했으니 말입니다. 직장의 탁아조합이라면 부모들이 같은 회사에서 일하고 있으니 서로의 평판을 신경 써야 하는 만큼 아이를 성심성의껏 보살필 것이고, 또 비슷한 또래의 아이들끼리 만나게 되니 아이들이 친구를 사귈 기회도 얻을 수 있을 것 같습니다. 그런데 운영이 뜻대로 되지 않았다고 합니다.

그런데 문제가 생겼다. 이런 시스템이 성공적으로 운영되기 위해서는 상당량의 쿠폰이 유통되어야 하는데, 부부들이 쿠폰을 모으려 들 뿐 쓰지를 않았다. 아무도 탁아조합에 아이를 맡기지 않으니 조합의 활동은 점차 쇠퇴했고 결국 탁아조합에서 탈퇴하려는 사람도 생겨났다. 이처럼 탁아조합이 활동 정지 상태에 빠진 이유는 간단하다. 부부들의 돌봄 능력이 떨어져서가 아니라 '유효수요'(실제로 구매력이 있는 수요)가 부족했다. 쿠폰을 모으는 데만 신경 쓸 뿐 사용하기를 싫어했기 때문에 전체 활동이 둔화된 것이다.

탁아조합 조합원들은 왜 쿠폰 사용을 싫어했을까요? 그 이유는 바로 추수감사절(한국의 추석 명절처럼 온 가족이 모이는 휴가철)이나 크리스마스, 독립기념일 연휴처럼 외출이 잦은 시기에 쿠폰을 쓰고자 했기 때문이었습니다. 즉 전략적으로 행동하다가 전체 탁아조합의 활동이 침체된 것입니다.

그런데 현재 국회의사당 탁아조합은 원활하게 운영되고 있습니다. 대체 어떻게 이 어려움을 이겨냈을까요?

탁아조합 관리위원회는 매우 단순한 답을 내놓았다. 쿠폰의 양을 늘리는 것이었다. 어떻게 쿠폰을 늘리냐고? 간단하다. 몇 달 지나도록 쿠폰을 쓰지 않으면 쿠폰으로 아이를 맡길 수 있는 시간을 줄였다. 예를 들어 쿠폰 수령 후 두 달이 지나면 30분밖에 아이를 맡기지 못하는 식으로 쿠폰의 가치를 조정했다. 즉 인플레이션을 일으켜 쿠폰의 저축을 막고 소비를 장려한 것이다. 이 정책은 엄청난 효과를 가져왔다. 쿠폰을 보유하는 게 오히려 가치를 떨어뜨린다는 것을 안 부부들이 앞다퉈 쿠폰을 사용해 탁아조합의 불경기는 일거에 해소되었다.

이제 돈을 많이 풀면 경기가 좋아지는 이유를 이해할 수 있습니다. 탁아조합의 쿠폰을 현실 세계의 화폐로 가정하면 됩니다. 중앙은행이 돈을 적극적으로 풀면 인플레이션 기대, 즉 돈의 가치가 떨어질 것이라고 예상해, 사람들은 저축보다는 소비에 나서고 경기가 좋아집니다. 반대로 정부가 통화 공급을 줄이면 돈의 가치가 상승할 것이라는 기대가 높아지므로 사람들은 소비보다는 저축을 늘리죠.

탁아조합의 관리위원회는 '규칙'을 바꿈으로써 돈을 풀었지만, 현실 세계에서 중앙은행은 금리를 이용해 돈의 공급을 조절합니다. 정책금리를 올리면 은행의 예금금리가 인상되어 저축 욕구가 높아지죠. 저축으로 늘어난 은행의 예금을 바로 대출로 연결시키면 통화 공급이 늘어나겠지만, 금리가 예전보다 높으면 대출받으려는 사람들이 줄어들기 때문에 이게 불가능합니다. 그러면 은행은 늘어난 예금으로 정부가 발행한 국채를 매입할 것이고, 돈은 자꾸 정부로 흡수됩니다.

반대로 정부가 정책금리를 내리면 저축이 줄어들고, 금리가 낮아진 만큼 대출이 증가합니다. 특히 인플레이션에 대한 기대까지 겹치면 대출 증가세는 가속화되고, 은행에서 만들어진 파생통화의 공급도 늘어날 것입니다. 따라서 항상 정부의 통화 공급, 특히 금리의 변화 방향에 신경을 쓸 수밖에 없습니다.

미국 금리가 왜 한국 경제에 영향을 주나요?

미국 중앙은행의 금리 인상은 미국뿐만 아니라 전 세계적으로 큰 이슈가 됩니다. 미국의 금리 인상이 세계경제에 영향을 미치는 첫 번째 이유는 환율 때문입니다. 미국의 달러 가치와 한국의 환율 간의 관계를 살펴봅시다. 달러 가치가 상승하는 시기에는 우리나라 외환시장에서 달러에 대한 원화의 교환 비율도 상승합니다. 반대로 달러의 가치가 떨어질 때는 우리나라 외환시장에서의 환율도 떨어질 가능성이 높습니다. 그 이유는 미국의 달러가 기축통화, 즉 세계에서 가장 중요한 화폐이기 때문입니다. 무역이나 금융거래에서 가장 자주 사용되는 화폐라고 볼 수 있습니다.

게다가 미국 중앙은행의 금리 인상은 달러화를 보유하는 데 따르는 이익, 즉 달러에 대한 이자 수입을 증가시키기 때문에, 더 많은 사람들이 달러를 사기 위해 움직여 달러 강세를 유발합니다.

미국의 금리 인상이 세계경제에서 중요한 두 번째 이유는 한국 등 세계 각국의 연쇄적인 금리 인상을 부르기 때문입니다.[28] 기축통화 국가인 미국의 금리가 인상되면, 글로벌 투자자들이 한국 주식시장을 떠날 가능성이 높아지죠. 외국인 투자자 입장에서는 달러에 대한 원화 환율의 상승 가능성이 높은 데다 달러가 이자까지 더 주니 굳이 한국에 투자할 이유가 없기 때문입니다. 물론, 늘 이런 식으로 시장이 움직이는 것은 아닙니다. 다만 외국인 자금이 시장에서 빠져나갈 것이라고 예상되면 한국 금리가 오르리라는 기대심리도 커진다는 이야기는 할 수 있겠습니다.

미국의 금리 인상이 중요한 마지막 이유는 경기 변동 때문입니다. 한국 경제는 수출 비중이 높기에 미국이나 유럽 등 선진국의 소비량이 매우 중요합니다. 사람들의 씀씀이가 커져야 우리 제품의 수출량도 많아지지 않겠습니까? 따라서 미국 금리가 인상되고 전 세계 중앙은행이 이를 뒤따르는 순간, 한국의 수출 전망이 나빠지며 우리나라 자산 가격도 떨어질 가능성이 높습니다.

이 책을 처음 쓰기 시작한 것은 2021년 가을 무렵이었습니다. 금융 관련 지식이 부족한 일반인과 청소년이 읽을 만한 책을 내겠다는 생각으로 집필을 시작했는데, 그 과정은 그리 쉽지 않았습니다. 돈이란 무엇이고 은행은 어떻게 생겨났는지를 이해하기 쉽도록 여러 사례를 들어 전달하려고 애썼습니다. 주식회사 이야기는 투자에 대한 편견을 낳을 수 있다는 생각에 최대한 신중하게 설명했는데, 그 노력이 잘 전달되었기를 바랍니다.

　제가 금융 분야 스타트업을 하면서 가장 자주 들은 조언이 "난 돈에 관심 없어"라고 말하는 사람은 믿지 말라는 것이었습니다. 어떤 사명감을 가지고 일하는 것은 좋지만, 일을 하며 꾸준히 돈을 불리지 않으면 그 사명감이 지속될 수 없다는 이야기였습니다. 이는 오늘을 살아가는 우리 대부분에게 적용되는 이야기일 겁니다. 돈은 현대사회에서 빼놓을 수 없는 요소인 만큼 돈을 잘 벌고 불리는 일은 누구나 알아야 하고, 또 떳떳하게 이야기할 수 있는 주제가 되어야 합니다.

투자를 시작하거나 금융 공부를 계획하는 이들의 책상 위에 자연스럽게 올라갈 만한 필독서를 내겠다는 목표를 세우고 이 책을 썼지만, 막상 출간하려니 걱정이 앞섭니다. 부디 많은 분들이 이 책을 읽고 금융과 투자의 세계를 이전보다 더 잘 이해할 수 있기를 바랍니다. 그리고 난삽한 원고를 정리하고 편집하느라 애쓰신 김영사 관계자 여러분에게도 감사의 인사를 전합니다.

끝으로 집필하는 내내 의견을 내고 원교 교정을 도와준 사랑하는 아내 주연, 아빠 따라 카페 순례길을 따라다니며 기운을 북돋아준 막내아들 우진, 투덜대면서도 책 내용과 관련해 도움을 준 큰아들 채훈, 아들을 위해 늘 기도하시는 어머님과 사랑하는 두 동생 지영과 주영에게 이 책을 바칩니다.

저자 홍춘욱

1장 돈의 기원은?

1   주성하, 《평양 자본주의 백과전서》, 북돋음, 2018, 46~48쪽.

2   찰스 윌런, 김희정 역, 《돈의 정석》, 부키, 2020, 30~31쪽.

3   문성민·김병기, 〈달러라이제이션이 확산된 북한경제에서 보유외화 감소가 물가·환율에 미치는 영향〉, 《經濟分析》(제26권 제2호), 한국은행, 2020.

4   ⓒ Eric Guinther / Wikimedia

5   김이한·김희재·송인창·양원호·유창연·정여진·황희정, 《화폐이야기》, 부키, 2013, 18쪽.

6   유발 하라리, 조현욱 역, 《사피엔스》, 김영사, 2015, 47쪽.

7   유발 하라리, 같은 책, 2015, 62~63쪽.

8   찰스 윌런, 같은 책, 2020, 38~41쪽.

9   레이 피스먼·티머시 설리번, 김홍식 역, 《시장의 속성》, 부키, 2020, 24~25쪽.

10 레이 피스먼·티머시 설리번, 같은 책, 2020, 26~27쪽.

11 한국은행, 《한국의 화폐》, 한국은행, 2006, 6쪽.

12 한국은행, 같은 책, 2006, 8쪽.

13 리처드 폰 글란, 류형식 역, 《케임브리지 중국경제사》, 소와당, 2019, 467쪽.

14 리처드 폰 글란, 같은 책, 2019, 468쪽.

15 Karl Gunnar Persson·Paul Sharp, 박이택 역, 《유럽경제사》, 해남, 2016, 49쪽.

16 알레산드로 지로도, 송기형 역, 《철이 금보다 비쌌을 때》, 까치, 2016, 103~105쪽.

17 피터 L. 번스타인, 김승욱 역, 《황금의 지배》, 경영정신, 2001, 119쪽, 171~173쪽.

18 김이한 외, 같은 책, 2013, 127~130쪽.

19 신상목, 《학교에서 가르쳐주지 않는 세계사》, 뿌리와이파리, 2019, 301~302쪽.

20 미셸 보, 김윤자 역, 《미셸 보의 자본주의의 역사 1500~2010》, 뿌리와이파리, 2015, 56쪽.

21 니얼 퍼거슨, 류후규 역, 《현금의 지배》, 김영사, 2002, 155쪽.

22 니얼 퍼거슨, 김선영 역, 《금융의 지배》, 민음사, 2016, 53쪽.

23 니얼 퍼거슨, 같은 책, 2016, 59~60쪽.

24 시드니 호머·리처드 실라, 이은주 역, 《금리의 역사》, 2011, 리딩리더, 243~244쪽.

1   제이컵 솔, 정해영 역, 《회계는 어떻게 역사를 지배해왔는가》, 2016, 95~96쪽.

2   Douglass C. North · Barry R. Weingast, "Constitutions and Commitment: The Evolution of Institutions Governing Public Choice in Seventeenth-Century England", *The Journal of Economic History*, Volume 49, Issue 4, 1989, pp. 803~832.

3   이찬근, 《금융경제학 사용설명서》, 부키, 2011, 25쪽.

4   권홍우, "처칠 가문 결혼 대박 사건… 혈통과 돈의 만남", 〈서울경제〉, 2016. 4. 15.

5   레이 피스먼 · 티머시 설리번, 김홍식 역, 《시장의 속성》, 부키, 2020, 97쪽.

6   이찬근, 같은 책, 2011, 36쪽.

7   레이 피스먼 · 티머시 설리번, 같은 책, 2020, 125~126쪽.

8   이찬근, 같은 책, 2011, 37쪽.

9   김수영, "통화를 알면 경제가 보인다", 〈서울신문〉, 2014. 9. 15.

10 벤 버냉키, 김홍범 · 나원준 역, 《벤 버냉키, 연방준비제도와 금융위기를 말하다》, 미지북스, 2014, 43~44쪽.

11 임형섭, "서민금융에 충격 '저축은행 사태' 5년…변화는 현재 진행형", 〈연합뉴스〉, 2016. 2. 20.

12 이찬근, 같은 책, 2011, 36쪽.

13 우한울, "저축銀 BIS 비율 절반이 '뻥튀기'…금감원 방치", KBS, 2011. 5. 12.

14 김기정 · 임춘성, 〈국제신용평가기관에 대한 규제 강화와 시사점〉, 《海外經濟情報》 (제2009-42호), 한국은행, 2009.

15   임형준, "후순위채는 무엇이고 왜 발행되나요?", 〈조선비즈〉, 2011. 4. 15.

16   최지만, 〈저축은행의 후순위채권 발행현황 및 시사점〉, 《금융리스크리뷰》(제 5권 제2호), 예금보험공사, 2008.

17   박순빈, "후순위채권, 저축은행·고객에 '달콤한 독약'", 〈한겨레〉, 2012. 5. 14.

18   한국은행 홈페이지 기준금리 참조. https://www.bok.or.kr/portal/singl/ baseRate/progress.do?dataSeCd=01&menuNo=200656

19   송병건, 《지식 혁명으로 다시읽는 산업혁명》, 해남, 2018, 203~204쪽.

20   지해범, "'기술 도둑질'로 미국 이기려는 중국의 스파이전", 〈주간조선〉, 2020. 8. 20.

3장 주식회사 이야기

1   케네스 포메란츠·스티븐 토픽, 박광식·김정아 역, 《설탕, 커피 그리고 폭력》, 심산, 2003, 325~327쪽.

2   신상목, 《학교에서 가르쳐주지 않는 세계사》, 뿌리와이파리, 2019, 284~285쪽.

3   러셀 쇼토, 허형은 역, 《세상에서 가장 자유로운 도시, 암스테르담》, 책세상, 2016, 74~75쪽.

4   Wikimedia

5   김승욱, 《제도의 힘》, 프리이코노미스쿨, 2015, 176쪽.

6   케네스 포메란츠·스티븐 토픽, 같은 책, 2003, 325~327쪽.

7   앨프리드 챈들러, 김두얼·신해경·임효정 역, 《보이는 손 1》, 지식을만드는지 식, 2014, 216~217쪽.

8   앨프리드 챈들러, 같은 책, 2014, 232~233쪽.

9   앨프리드 챈들러, 같은 책, 2014, 314쪽.

10   제이컵 골드스타인, 장진영 역, 《돈의 탄생 돈의 현재 돈의 미래》, 비즈니스북
     스, 2021, 107~109쪽.

11   Wikimedia

12   주정완, "시가총액 기준 세계 500대 기업 GE 1위", 〈중앙일보〉, 2002. 2. 23.

13   피터 린치 · 존 로스차일드, 고영태 역, 《피터 린치의 투자이야기》, 흐름출판,
     2011, 53쪽.

14   Wikimedia

15   피터 린치 · 존 로스차일드, 같은 책, 2011, 60쪽.

16   강영연 · 최재원, 《주식, 나는 대가처럼 투자한다》, 한국경제신문, 2020,
     203~204쪽.

17   김계환, "구글, 유튜브 16억5천만달러에 인수", 〈한겨레〉, 2006. 10. 10.

18   한광덕, "코로나 저점 뒤 주가 상승 세계 2위 이끈 '동학개미'", 〈한겨레〉,
     2020. 9. 14.

19   김민기 · 김준석, 〈코로나19 국면의 개인투자자: 투자행태와 투자성과〉, 《이슈
     보고서》(21-11호), 자본시장연구원, 2021.

20   고윤상, "대형주 → 중형주 이동 종목에 주목하라", 〈한국경제〉, 2021. 8. 18.

21   남길남, "주식시장과 소셜미디어: 영향력과 개선과제", 〈주식시장에서 개인투
     자자 증가, 어떻게 볼 것인가?〉(정책세미나), 자본시장연구원, 2021.

22   김민기 · 김준석, 같은 글, 2021.

23   게리 안토나치, 서태준 · 강환국 역, 《듀얼 모멘텀 투자 전략》, 에프엔미디어,
     2018, 43쪽.

24   홍춘욱, 〈모멘텀 전략, 한국에서도 유효한가〉, 키움증권 리서치센터, 2016.

25 워런 버핏·리처드 코너스, 이건 역, 《워런 버핏 바이블》, 에프엔미디어, 2017, 45쪽.

26 한국은행 홈페이지 참조. https://www.bok.or.kr/portal/main/main.do

27 Paul Krugman, "Peddling Prosperity: Economic Sense and Nonsense in the Age of Diminished Expectations", W. W. Norton&Company, 1994, pp. 28~31.

28 염지현, "한·미 금리역전, 정부 당장은 괜찮다지만… 지켜봐야 할 숫자들", 〈중앙일보〉, 2022. 7. 29.

주식시장의 세 학파를
자세히 공부하고 싶다면?

모멘텀 학파

모멘텀 전략을 공부하려는 분들에게 제일 먼저 추천하는 책은 제시 리버모어의 일생을 다룬 《어느 주식투자자의 회상》(이레미디어, 2010)입니다. 이 책은 미국의 언론인 에드윈 르페브르가 제시 리버모어로 추정되는 인물과 인터뷰한 내용을 묶은 것인데, 모멘텀 투자가 어떤 것인지를 잘 알려줍니다. 대성공을 거두었지만 자살로 생을 마감한 전설적인 투자자의 성공과 실패가 흥미진진하게 전개되니, 모멘텀 투자에 관심이 없는 이들도 재미있게 읽을 수 있을 것입니다.

모멘텀 전략을 좀 더 공부하고 싶은 분들에게는 《터틀 트레이딩》(이레미디어, 2019)을 권합니다. 이 책의 저자 리처드 데니스는 17세에 시카고 상업거래소에서 시급 1.6달러를 받는 사환으로 일하면서 다양한 상품에 투자하는 방법을 체득했다고 합니다. 그는 "주식에 투자해 성공할 수 있는 능력은 선천적인지, 아니면 공부를 통해 배울 수 있는지"를 궁금해했습니다. 그래서 이른바 '터틀 수련생'을 뽑아서 자신의 매매 전략을 가르치며 이를 검증하려 노력했습니다. 그 과정을 다룬 이 책에는 모멘텀 전략을 실전에서 적용하고 싶어 하는 분들에게 유용한 조언이 다양하게 담겨 있습니다.

본격적으로 모멘텀 전략을 실천하기로 결심한 분들은 게리 안토나치의 《듀얼 모멘텀 투자 전략》(에프엔미디어, 2018)을 읽어보면 좋습니다. 이 책은 수준이 약간 높긴 하지만, 모멘텀 전략을 구체적으로 어떻게 실천에 옮길 수 있는지를 설명하고 또 과거 모멘텀 전략의 성과를 검증해주어 아주 유용하기 때문입니다.

보텀업 학파

면밀한 기업 분석을 토대로 투자 여부를 결정하는 보텀업 전략을 공부하려는 분들은 전설적인 투자자 피터 린치가 쓴 《피터 린치의 투자 이야기》(흐름출판, 2021)를 읽어보길 추천합니다. 이 책은 주식시장의 역사에서 시작해 주식이 무엇인지, 나아가서 어떻게 보텀업 투자를 하면 좋을지에 대해 쉽게 설명해주는 탁월한 투자서입니다.

보럼업 투자를 하려는 이들에게 두 번째로 권하는 책은 서준식의 《다시 쓰는 주식 투자 교과서》(에프앤미디어, 2018)입니다. 기업의 내재가치를 평가하는 방법을 자상하게 알려주는 책이니, 이 책을 보면 주가가 저평가된 기업을 어떻게 골라내야 하는지 이해할 수 있을 것입니다.

본격적으로 보럼업 투자를 시작하려는 분들은 워런 버핏이 버크셔 해서웨이 주주총회에서 발표했던 내용을 엮은 책《워런 버핏 바이블 2021》(에프앤미디어, 2021)을 읽어보면 좋습니다. 주주들에게 자신이 어떤 식으로 투자하는지 자세히 설명한 내용으로 약간씩 중복되는 부분은 있지만 알찬 정보를 많이 담고 있습니다.

톱다운 학파

경제에 대한 거시적 분석에서 시작해 주식, 채권, 부동산 투자에 대한 결정으로 이어지는 톱다운 투자를 시작하려면 제러미 시겔의 《주식에 장기투자하라》(이레미디어, 2015)를 읽길 권합니다. 1870년 이후 150년에 걸친 주식, 채권 등 각종 자산의 성과를 개괄하고 어떤 요인이 자산의 가격 변동을 유발하는지 잘 알려주는 책입니다. 참고로 앞에서 소개했던 《피터 린치의 투자 이야기》를 읽은 뒤에 보면 더 효과적으로 공부할 수 있을 것입니다.

톱다운 투자를 하려는 이들에게 두 번째로 추천하는 책은 제가 쓴 《돈의 흐름에 올라타라라》(스마트북스, 2022)입니다. 한국 경제의 특성과 톱다운 투자를 실행에 옮기는 방법을 설명한 책이니 도움이 되리라 생각합니다.

이 밖에도 관련 내용을 다룬 좋은 책이 많은데, 여기에서는 제가 읽은 책 위주로 소개했습니다. 이 추천 목록이 투자의 방향을 설정하는 데 도움이 되기를 바랍니다.